U0067092

AQUARIUS

AQUARIUS

AQUARIUS

AQUARIUS

Catcher

一如《麥田捕手》的主角，
我們站在危險的崖邊，
抓住每一個跑向懸崖的孩子。
Catcher，是對孩子的一生守護。

孩子越倔強，我越溫柔

30 個關鍵指引，陪孩子、也陪青春期的自己再長大一次

吳孟昌（親子關係與自我探索資深講師）

【推薦序】

我們要不斷地釋放愛，讓孩子學著去愛

文◎尚瑞君（親子教養暢銷作家・講師）

當我開始寫專欄，分享自己在教育及教養上的觀察、觀點和感想之後，閱讀了更多教養文章，也學習更多關於溝通與提升靈性修為的課程，只為了可以吸收更多視角和面向，給讀者更全面的啟思與篩選，讓讀者選出最適合自己親子關係的相處模式。

會注意到吳孟昌老師的文章，一方面是因為我們都是「未來Family」的專欄作家，另一方面是老師的文字生動、細膩，分享的故事很能引起共鳴。

每個家庭都有不同的圖像，很難完全複製別人家有效或好用的方法，套用在自己的親子關係中，特別是針對獨特性更強、更不按牌理出牌的青春期孩子。

但孩子依然是孩子，孩子的成長總是有軌跡可循，有特點可以歸納。

翻開孟昌老師的書：《孩子越倔強，我越溫柔——30個關鍵指引，陪孩子、也陪青春期的自己再長大一次》，讀到他分享小六的女兒第一次要在「沒有大人陪」的情況下，和同學逛百貨公司的故事時，我想起了住竹北的我們，第一次讓小六的兒子跟同學搭火車去逛台北西門町時的心情。

大人的心情，大人都懂，但我們卻必須調整自己固有的模式，去應對青春期的孩子。大孩子喜歡冒險，我們要讓孩子有「安全冒險的機會」。

陪著孩子走在青春期的路上，這一代父母的功課，我也和孟昌老師一樣覺得是「孩子越倔強，我越溫柔」。因為只有在這樣的碰撞中，孩子才會從內心去審視自己的稜角；而當他在外面受到挫折與遇上阻礙時，也才能想起還有父母這塊最後的柔軟堡壘，讓他傾訴與尋求慰藉。一如老師在書中寫著：「**選擇溫柔，不等於討好、溺愛；選擇溫柔，也不代表能夠解決所有問題。但可以確定的是，我希望在**

彼此的關係中總能體驗到愛。」

面對不停成長的青春期孩子，在這重要、卻也有很多挑戰的時刻，父母很難不被孩子的言行舉止傷害到，但我們卻還是要不斷地釋放出愛，讓孩子學著去愛，愛自己，也愛他人。

孟昌老師的這本書由薩提爾的溝通模式當底蘊，藉由三十個提問，來引領我們整理自己的內在資源與限制。全書用溫柔與善意來傳遞愛的連結，讓我們可以更清晰地看見家人，也想想自己。

書中提到：「**『清理』的概念，來自於夏威夷的一種內在療癒法——荷歐波諾波諾回歸自性法（Self I-dentity through HO'oponopono, SITH），這種方法又名『零極限』。原理是視當下所有內在、外在的體驗為累世記憶的重播，一旦自己有所覺察，可以用『對不起，請原諒我，謝謝你，我愛你』四句訣回應，藉以清理記憶而歸零，讓身心獲得平靜，也讓遭遇的問題得以順利解決。**」

這樣的概念很像我在正念中學習到的「萬物相即」：雖然我們每一個人是單一、獨特的個體，但我們的存在跟世界的一花一草、歷史中的過去與還在編織的未來，其實都有著連動與依存的關係。而這些關係主要是要讓我們學會「活在當下，珍惜現在」。

如果我們眼中看見的青春期孩子有很多問題，而讓我們總是煩惱，不妨常常問自己：「我是想改變他，還是關心他呢？」

孟昌老師在書裡提醒我們：「**『接納』是親子之間的一座橋，起於關心對方，並想要產生深刻的連結，讓彼此有了持續對話的機會，親子關係也才會成為一段相互陪伴與理解的旅程。**」因為「**控制是滿足自己，陪伴才是協助孩子。請好好觀察孩子在每個成長階段中的真實需求，因為那正是你可以出手之處，也是你在扮演『父母』的角色上能夠盡力的地方。當孩子發現你總會在他成長卡關的重要時刻適時現身，並拉他一把時，即便你不是完美的救援者，但在他的心中也會是最溫暖的陪伴者。實質的陪伴，才是身為家長的我們送給孩子受用一生的禮物。**」

父母不需要完美，因為孩子有自己想要完成的事，正如孟昌老師所體會，教養最美好的收穫，是在陪著孩子一路成長的過程中，讓我們有機會完成薩提爾提到的人會歷經的三度誕生：「**第一度誕生，是在父母的精子和卵子結合的那個時刻；第二度誕生，是在脫離母親的子宮，來到這個人世之後；第三度誕生，則是成為一個成熟的人，能夠重新為自己的生命做決定，保留成長過程中適合自己的，並將不適合自**

己的加以捨棄，成為一個獨立自主的個體。」

陪著孩子成長，也讓自己成熟，用溫柔與善意的愛來連結並成全彼此——這是孟昌老師的書《孩子越倔強，我越溫柔》想要與您分享的觀點與啟思，希望可以給疲憊或感到勞累的家長們，帶來療癒與勇氣，繼續跟孩子在愛的路上，探索與實踐生命美學。

我的書《剛剛好的距離——設立關愛界線，家有青少年的親子相處指南》出版後隨即暢銷，當我收到出版社因為這本同樣談青少年教養的作品，而請我為孟昌老師的書寫推薦序時，我笑了！

過往的傳統瀰漫著「文人相輕」的酸腐，但我們是二十一世紀的文明人，「文人相扶攜」，總希望把好的文章與書籍介紹給大家，完成知識分子傳遞知識的使命與責任。

◎推薦者簡介：

尚瑞君，蟬聯二〇二一、二〇二二年博客來親子教養類百大暢銷書作家；親子教養講師。

【推薦序】

傾聽、探詢與理解，就是「陪伴」

文◎徐仁斌（基隆市立明德國中校長．教育部102年師鐸獎得主）

從事學校教育工作二十多年，接觸了許多關於教養的案例，讓我感慨家庭文化與親子互動深深地影響著孩子。

「親子關係」是每個家庭的核心問題。我們多久沒有和孩子好好對話了？面對孩子常有的負面情緒，我們可以怎麼做呢？

從《孩子越倔強，我越溫柔》這本書中，可以找到許多答案，並觸發你的想法：學著「傾聽、探詢、理解」，了解孩子表象底下的冰山情緒，而整個過程就是「陪伴」。

孩子的成長階段是關鍵時期，尤其是青春期的孩子。在這騷動不安的歲月裡，處於自我認同和角色混淆的發展階段。我們期盼他們可以有明確的自我觀念與自我追尋的方向，而不是生活漫無目的，感到徬徨、迷失。當孩子表現得和我們的期待相違背，大人難免會出現不耐、指責等負面情緒。這時候，你是習慣表達愛？還是懲罰？因為孩子若感受到我們大人內外的不一致，他會十分困惑，進而造成關於自我的負面影響。

作者吳孟昌指出，我們何不陪孩子、也陪青春期的自己再長大一次——這無疑是當頭棒喝，讓我們不禁回頭觀照自己的成長經歷，那個曾經也困頓迷惘、對抗掙扎的青春時光。

我們必須承認自己有所侷限，也需要再次學習，並且避免用過去的思維束縛當下的孩子，卻又期待他們勇於面對未來的嶄新生活。

常看到學生在校失去成就動機，學習熱情慢慢褪去，回家整天看手機和社群媒體，彷彿唯有在網路世界才有了自己。身為家長，你推開房門就看見孩子躺在床上滑滑滑，一整個怒氣上來，於是親子大戰再度上演……這場景，你是否也熟悉？其實孩子可能正在發出訊號：「我好無力」、「我不知道該怎麼辦」。

這時我們可以轉個念，理解他在生活中所面對的一切，換個方式對話，陪孩子一起討論，一起思考。讓孩子清楚地知道我們的期待，而這期待是親子共構出來的。透過對話，好好讓彼此理解。

本書不只是適合家長的親職教育專書，同樣值得推薦給教育工作者。正在教學現場奮鬥的師長們，經常遇到各種學生：學習動機不足、小錯違規不斷、情緒失控、師生對立等，班級經營常面臨挑戰。作者提醒我們，了解冰山下的孩子，他正在發出求救訊息，拉他一把，陪伴他一段路程，他會記得。某一天，他也會回過頭謝謝你曾經的陪伴。

如何讓孩子真正接收到我們的好意？作者建議把焦點回到「關愛孩子」身上，和孩子多對話，並試著深度地理解孩子。雖然這過程難免費時、費心又費力，但既然急不得，我們就陪他慢慢走。

閱讀本書，你會發現它不只是親子教養的參考，也是自我身心靈的成長解方。大人應先安頓好自己的內心，重新找回失落的自己，包容自己。面對教養，我們不需要完全改變，只需要適時「增添」一些技巧。例如你若是超理智型的父母，需要的是增添「聆聽自己和孩子的聲音」，在互動中，允許自己表露感受，親子關係才會更有溫度。

發現自己過去的經驗無法用在孩子身上時，別急著生氣、失望，這雖然是個困境，但也是一面「鏡子」，可以讓你重新回顧過去的自己，並更深入地認識孩子。

當我們煩惱孩子的問題層出不窮，我們可能要捫心自問：想處理的是孩子的問題，還是自己的問題？問題的背後，可能是師長自身的焦慮。

薩提爾指出「一致性的溝通」是互動的關鍵，我們對於討好型、指責型、超理智型、打岔型這四種類型，要有所覺知，並試著調適，更要練習接納孩子的所有反應與可能。

但我們也不需要完全改變，只要適時地「增添」，只要再多一點點努力就好。

每個人都有各自的成長背景與故事，面對孩子，當然不可能有一本萬用的模式，反而更需要與時俱進，保持權變彈性。

期待你也同樣能在這本書找到一些啟發，在教養之路上保有正向能量，將每一個挑戰視為機會，和孩子一起成長。

目錄

目錄

二、陪自己

目錄

一、陪孩子

青春期孩子真的像「刺蝟」，不好靠近？

以「感興趣」的心，應對青春期的「酷」

【以孩子為主帥，而我們轉換成參謀】

青春期孩子的「酷」，是展現自我的一種表徵，也是保護自我的一種機制。面對孩子的轉變，別輕易陷入失落或氣惱的泥淖裡，你可以把它視為改變彼此互動模式的好時機，並練習用下列的方式回應：

● 過往你總像個「主帥」，站在前頭帶領孩子往前衝。現在，你必須將自己的人設轉換成「參謀」，才不會跟也想當「主帥」的孩子爭執不休。

● 對於想當「主帥」的孩子，你一定會有許多的不順眼，但因為意識到自己已經是「參謀」，所以你對他的種種表現，不會輕率地批判或評價，而會多點停頓、觀察與理解。

● 「主帥」思慮不周時，「參謀」就派上用場了。你可以把對孩子的關心或擔心，轉換成問句，提醒他留意，如：

・「你跟同學相約外出，他的爸媽知道嗎？」

・「如果同學的爸媽不知道，我來幫忙聯繫，好嗎？」

這種不帶質疑的提問，有助於和孩子核對相關的訊息，也讓親子之間都有機會表達想法與立場，進而找到雙方都滿意的解決問題的方式。

孩子需要被尊重、被認可

在帶領親子關係工作坊的經驗中，我發現有許多家長參加的目的，是期待與青春期孩子在溝通上更順暢、良好。但我感到好奇的是：

- **究竟是青春期的孩子真的像「刺蝟」一樣，不好靠近？**
- **還是家長並未隨著孩子年齡的增長，調整彼此互動、溝通的模式？**

直到自己的孩子也進入青春期，對於這個問題，我才有了更深刻的理解。

當孩子年齡越來越大，勢必會越來越有自己的想法，如果仍慣性地使用過去對待「小小孩」的方式跟他們互動，他們只會從父母那兒感受到被監控、被批判的束縛與壓力，進而想要逃離，去呼吸自由的空氣。

即便這些監控、批判的出發點是基於關心與善意，但在得不到尊重與認可的情況下，孩子選擇轉身離去，投入同溫層的懷抱，就成了必然的結果。

面對越來越有個性和想法的「酷」小孩，為人父母該如何是好呢？

我認為，從「感興趣」的角度、用「感興趣」的態度去與他們互動、相處，會是一條「雙贏」的活路。

做孩子的「參謀」，是需要學習的

聖誕假期，小學六年級的女兒和班上同學私下相約，要看電影，順便逛街。由於她是「先斬後奏」，事先並未與我或太太討論，因此當我們得知消息時，第一時間的反應都是不置可否，對幾個小六生要出門一整天，覺得有些擔心，不太同意這件事。

但回想起自己從前跟同學一塊出門晃遊的經歷，確實充滿許多愉快、美好的回憶，也就不忍直接否定她的計畫。

直到她要出門的前一天，我們才針對這件事情「直球對決」。

女兒興高采烈地說著，她多麼期待有生以來第一次「沒有大人」隨行的逛街行程。可她說得越興奮，就越增添我的擔心，便打趣地對她說：「聽起來很好玩的樣子。乾脆我載你們去百貨公司，順便去那裡的書店逛逛，喝杯咖啡，在那邊等你們一起回家。你覺得如何？」

女兒皺著眉頭，十分抗拒地說：「不要！不要！就跟你說不要有大人跟了嘛！你這樣，我們會很不自由。」

看來她只想要我擔任司機就好，「不給跟」的意圖相當堅定。

此時，太太問了女兒一個關鍵問題：「你同學的爸媽知道明天你們要一起出去玩嗎？」

女兒愣了一下，想來，她完全沒有顧慮到這個問題。

太太接著說：「如果同學的爸媽不知道這件事，明天你們出去之後，她們的爸媽一定會很擔心。我幫你打電話給她們的爸媽做個確認，好嗎？」

女兒似乎感受到了媽媽的周到，配合著提供電話號碼，並在一旁看著媽媽如何和同學的父母互動。

我在一旁觀察女兒的表情，她饒有興味地聆聽著媽媽和好朋友的父母交談的內容。她應該沒料到，在這個事件當中，父母竟成了幫她把事情處理得更妥當、圓滿的夥伴，不但原先的計畫能夠實現，安全的問題也得到關注並解決。

太太承諾那幾個孩子的家長們，表示去回都會由我負責接送，而且保證晚上七點會準時回家。

隔天早上，當我載著女兒前往約定的地點去接朋友們時，針對安全的問題，我在車上又叮囑了幾點注意事項。她很專心地聽著，因為經過昨天的歷程，她知道我不是來「找碴」的，而是幫她們共創美好一天的夥伴。

當在目的地放她們下車，看著小女生們雀躍的背影，我真慶幸自己和太太沒在一開頭就因為種種掛慮或擔心，而否定女兒的計畫，責備她自作主張，把情勢推向對立和衝突，造成「兩敗俱傷」。

還記得那天太太在與其他家長們聯絡之後，對我說：「出去玩也不是什麼壞事，如果擔心她們的安全，就協助她們把該注意的事情打點好，這樣不是大家都開心又放心嗎？」

是啊，與其在一旁沒好氣地指指點點，批判她思慮不周、處事欠考量，倒不如抱著好奇和興趣，一起參與她的「重要大事」，在傳達關心的過程中，友善地提點她該注意的事項。如此一來，不是兩全其美嗎？

身為父母的我們，不再是決定萬事的仲裁者

與青春期的孩子「交手」，父母親在角色扮演上最大的考驗，就是要從孩子萬事的仲裁

者，轉換成孩子願意共同商量、討論的對象。如果轉換失敗，孩子年齡越大，將離父母越遠；若是轉換成功，孩子越大，父母就越容易放手，親子關係也會提升至另一個層次。

而其中的關鍵處，就在於：

- **父母能否跳脫始終依自己的意志做主，並拽著孩子不放的狀態，進化成有點旁觀、但又感興趣的姿態，去參與孩子後續的成長。**

我們都想成為更好的父母，若能通過這項「考驗」，青春期的孩子不正是我們在生命中最好的「老師」嗎？

和青春期孩子相處，總是深怕踩雷？

「退一步」，在親子之間騰出一處緩衝區

【聆聽內容、核對含意，並陪伴在旁】

家有捉摸不定的青春期孩子，可說是「伴君如伴虎」。與青春期的孩子溝通時，如何避免「踩雷」呢？

● 練習扮演聆聽者：
用「你說說看」，取代「你聽我說」。

● 練習扮演核對者：
用「你的意思是……嗎？」，取代「我認為你就是……」。

● 練習扮演陪伴者：
用「你需要我幫忙嗎？」，取代「你要這樣做才對」。

給「不確定自己的形狀」的青春期孩子，多點理解、聆聽與等待

歌手劉若英的〈給十五歲的自己〉這首歌中，有一句歌詞這麼形容青春期的少年：「不確定自己的形狀，動不動就和世界碰撞。」把人在進入青春期時的徬徨無助，但又

奮力想在外界給的框架下，為自己定位、塑形的傻勁，刻畫得相當生動。

我就在小學六年級的女兒身上，看到這樣的身影：

- 跟家人說話，冷不防地就劍拔弩張，一副既攻擊又防衛的樣子，讓人有點不知如何靠近。
- 哪天不知怎的心情突然大好，又主動跑來談天說地，直問我：「喜不喜歡某部動漫？」「欣不欣賞某種穿搭？」好像期待從我的回應中尋求認可與贊同，讓人陷入某種尷尬的情境，戰戰兢兢地就怕回錯了一句，不小心又踩到她的地雷。

一個比較具體的實例是，有回看到女兒的聯絡簿上，老師針對她和同學間的對話有些提點，希望她講話不要那麼直接，因為那樣很可能會無意間傷害到對方。我問發生什麼事，她娓娓道來事件經過，並且強調那只是她和同學之間開玩笑的話語，老師想得太嚴重了。

我在聯絡簿上簽名，並隨口說：「老師應該是善意提醒，我們就注意一下。」

沒想到，她認為我跟老師站在同一陣線評斷她，立刻擺出了防衛的姿態，回說：「你剛剛都聽不懂嗎？我以後都不跟你講了啦！」

這突如其來的反應讓我頓時愣了一下，不解怎麼好意的關心卻換來她怒目相向，真是

「真心換絕情」啊！還好我的心臟夠強，否則當下被這麼突然一擊，玻璃心就碎滿地了。

我清楚地知道：

● **進入青春期的孩子，會急著長成自己想要的樣子，但同時又頻頻回首，看看父母是怎麼解讀自己。**

● **正是在這種「急著往前衝，但又不時回頭看」的狀態下，有時會進退失據，情緒就特別多。**

因此，我也就開始練習，不要針對女兒的言行太快給評斷，因為她的內在本身就是個糾結、紊亂的毛線球，她需要時間自我釐清。而我要做的則是更耐心地理解與聆聽。

青春期的孩子，真的很可愛

有段時間，女兒在課後美語班常常被留下來補考。

我和太太都有點擔心她的學習狀況，不斷地觀察問題的癥結究竟何在：是每次都太晚進教室，以致試題寫不完？還是每回都臨時抱佛腳，以致複習不確實？或者根本就是教材太難，她很難跟上老師的教學進度？……各種臆測在腦中盤旋。然而當面詢問她時，卻又被全盤否認，讓我們實在不知道能如何幫她。

看我在教室外頭等了很久，她下課時，常面帶愧色地說：「你等很久了喔？以後可以晚點再來接我，就不會浪費時間了。」

有一回，可能是怕我等太久而生氣，女兒一出來就笑咪咪地說：「爸爸，我今天補考有考九十五分喔！」

當下我其實沒有生氣，只覺得心疼，因為她是多麼擔心我會對她失望，她是多麼害怕沒有成為父母眼中的「好」孩子啊！

從那次以後，在確認孩子的作業有按時完成，學習也都亦步亦趨地跟著，並非因為怠惰而導致成效不佳之後，我便把焦慮轉換成默默支持、陪伴，心情不再隨考試的分數高低而起伏。

一晚，女兒「照例」又因補考而晚下課，我只問她：「你還好嗎？」

她煞有介事地對我說：「爸爸，我終於知道為什麼最近每次都要補考的原因了。原來我的準備方向錯誤，都只注意背單字，卻忽略要留意每個單字在使用時的例句，老師都會從那裡出題。」

我笑著回說：「這樣啊，那下次準備的時候，可以換個方法試試看。」

這可是孩子摸索了好久，在學習的歷程中不斷「鬼打牆」而得到的結論，我不評斷，就只是理解、聆聽並等待。

騎車回家的路上，孩子在後座迎著晚風，輕輕地哼著歌。我突然發現，青春期的孩子其實很可愛。

「退一步」，反而創造了彈性空間

很多人回想青春期的自己時，常會用「青澀」一詞來形容。青澀的果實，雖然不再是稚嫩的種子，但又尚未成熟，因此也不能全然置之不理，需要細心地呵護。

如何拿捏與青春期孩子的距離，對父母真的是個考驗。就我和女兒的互動經驗，我的結論是，就「退一步」吧！

- **孩子既然還不確定自己的形狀，我們就退後一步觀察，看他們如何「捏塑」自己；但也不要離得太遠，因為孩子總會想試探父母是否認可。**
- **我們耐著性子聆聽孩子的說法，也適時（不是即時）表達我們的想法（不是評斷），讓小孩可以在與我們的互動過程裡，順利地「轉大人」。**

比如開頭的聯絡簿例子，我想女兒之所以生氣，關鍵就在我的「隨口」回應，終究還是不自覺地落入評斷，認定老師的觀察無誤，她在校與人互動的言語「有問題」。雖然她費了一番唇舌，想讓我理解遭遇的實際情境，但我卻似乎「聽而不聞」，讓她再次遭受不被理解與認可的委屈。

倘若此事可以重新來過，我會在耐心聆聽女兒的說法後，選擇將老師的叮嚀放在心裡，作為日後觀察女兒與人互動時的參考點，並在合適的時機提點她即可，因為或許不是老師說的那樣。

我該做的是「退一步」觀察，看看是否真有問題再出手，而非在不明就裡的狀況下，就站上第一線妄下斷語或發號施令。

- **「退一步」，不是消極地放任或置之不理，而是希望在與青春期孩子的互動上，挪出更多的彈性空間。**

如果親子之間能騰出一處這樣的「緩衝區」，或許，那個動不動就和世界碰撞的孩子，某天在你眼中就突然變得可愛了。

孩子漸漸地很多話都不和你說了嗎？

因為你總是還沒聽完，就直接進入「解決問題模式」

【聆聽，是為了深度地理解】

當孩子年齡越來越大，父母在經營親子關係時，最大的考驗不在幫孩子解決問題，而是要學習扮演「聆聽者」，因為對於大孩子而言，「被理解」比什麼都重要。

以下的步驟，可以協助你好好扮演「聆聽者」的角色，讓你們親子之間的關係變得更和諧、親近。

● 孩子願意把自己的困境說給你聽，往往不在希求你提供「解方」，而是希望家中能有個真正懂他的人。

所以，他願意說，你就安靜且專注地聽，不要急於給他一堆錦囊妙計。

● 聆聽，是為了深度地理解。

．若對孩子訴說的內容有困惑、不解之處，可以適時地表達疑惑，讓他有機會說得更詳細、清楚。（比如可以問他：「你剛剛的意思是……嗎？」）

．在聆聽的過程中，若有觀察到孩子的情緒，也可以適時地表達出來，這會讓他有被同理的感受。（比如對他說：「你現在感覺很難過／生氣／委屈／無助……嗎？」）

● 孩子在說完自己的困境之後，可能會希望你提供建議，也可能不會。

．倘若他希望你表達意見，而你的確也有些想法可說，別忘了在說之前，問問他：「你想怎麼解決呢？我想先聽聽你的看法。」這不但會讓他有被尊重的感受，同時也可以讓你更明白該如何幫助他。

．倘若他沒有要你表達意見的意思，不要著急，也不要失望。你可以對他說：「謝謝你願意跟我分享這些事。有什麼是我可以幫你的嗎？」透過提問，讓他有機會說出真正的希求，而你也會更清楚下一步該怎麼走。

◇◇◇◇◇◇◇◇◇◇◇◇◇◇◇◇◇◇◇◇◇◇◇◇◇◇◇◇◇

為什麼對爸媽「報喜不報憂」？

隨著年齡增長，我們漸漸不太對父母吐露自己生命中的困頓。一方面是不想讓他們擔心，另一方面則是不想在自己已經愁雲慘霧的狀況下，還得聽他們訓斥或說教。於是，「報喜不報憂」成了與父母互動的準則。

或許你像我一樣，對於這樣的親子關係其實並不滿足，總渴望可以和父母再親近一點，無話不談，彼此聆聽與理解。但現實與渴望之間，往往有段距離：

● **當父母得知孩子身陷困境時，總會不由自主地想要拯救孩子於水火，急於給建議、下指導棋。**

● **但是對於孩子而言，有時那不僅不符需求，反而還成為心理負擔，因此選擇「報喜」讓父母安心，也讓自己免於被掌控、被指揮的壓力，就成了一種看來似乎安全的方式。**

這樣的選擇無關對錯，然而當自己為人父之後，回過頭來面對這樣的現實，卻突然有了另一種觀點與感受：如果孩子也選擇對我報喜不報憂，我總是那個最後才知道他狀況的人，可能會讓我有點失落、難過。

因此，如何避免親子互動方式隔代重演或複製，便成了我認真思索的一個議題。

我們沉住氣、多聆聽，孩子就會願意多說一些

某次的親子關係工作坊，有位學員玉如分享，念大學的孩子每當對她訴說團隊合作與人際相處上的困難時，她都慣性地以「我過的橋比你走的路多」的姿態，立即指導或提點：「你就是太內向也太被動了，才會被別人排擠。在團體中跟別人共事，要主動、積極一點，人家才會感覺到你很『給力』，而不是靜靜地等別人告訴你該做什麼……」

話還沒說完，孩子已經開始不耐煩，甚至翻白眼，因為媽媽的「諄諄教誨」和他的遭

遇根本對不上。他會回：「以後都不跟你講了啦！你根本就不清楚我的事，只會說風涼話！」母子倆的對話就在孩子莫名的憤怒中，不歡而散。

漸漸地，玉如發現孩子真的鮮少再告訴她自己的近況。並非因為問題已獲得解決，而是她這種慣性的回應，根本不在孩子希望「被理解」的脈絡裡。

越過理解，直接啟動解決問題模式，如此提供給孩子的不一定是他需要的。況且身為大學生，對於解決自己的問題，內心多半已有定見，會願意對父母傾吐，更多的渴望可能是被理解。

玉如說，過去父母對她都是直接指揮、命令，無所謂溝通或對話，而她發現如今自己似乎也在複製這個模式去回應孩子拋過來的問題。

不過，有所覺察，就是改變的起點。後來她發現：

- **在和孩子對話時，若她能沉住氣、多聆聽，孩子就願意多說一些，彼此也會感覺較為親近。**

這樣的過程或許無法直接解決問題，但在親子關係的經營上，卻較能讓人感受到愛的流動，並讓彼此的連結過程產生愉悅的感受。

相互理解，幫助關係保溫

回首與父母相處的歷程，我發現自己有許多話漸漸選擇不說的原因，正是他們在溝通上習慣直接進入「解決問題模式」。

這個模式在我們年紀還小時，基本上不會造成影響，因為諸如打理三餐、繳學費、上下學接送等，需要解決的問題相對單純，也多在父母經驗值的涵蓋範圍內。而我們在獲得協助與保護的前提下，不大會有溝通不良的感受。

然而隨著年齡漸長、閱歷增多，遭遇的問題趨於複雜，像是職涯規劃、人際關係、婚戀抉擇等，若親子互動依舊只著重解決問題，溝通就容易陷入「卡關」的狀態。

由於父母習慣解決問題，所以就忽略了耐心聆聽與理解的重要性，一聽到孩子陳述狀況，便直覺地片面解讀或以自身經驗回應，希望立刻為孩子（也為自己）排除障礙。但孩子感受到的卻是父母根本還在「狀況外」，就對他的話做出某種評價與判斷，當中或許還隱含著指責與說教。

久而久之，未被同理的「碰壁」心情越來越常出現，自然就選擇報喜不報憂，保持距離，不再輕易對父母敞開心扉。

一定要把問題解決了，親子間的溝通才算成效良好嗎？

隨著孩子長大，他面對的問題很有可能超越父母過去的經驗，甚至連父母也束手無策。難道這就是彼此溝通之路的盡頭，無法再有進展了嗎？

其實，溝通的核心是相互理解，而非以解決問題為終極目標。相互理解不一定直接就能射中解決問題的靶心，但是對於彼此的關係，卻一定有保溫、甚至加熱的效果。

成為孩子想要傾訴時的「口袋名單」

若我們不樂見「報喜不報憂」成為親子之間的溝通模式，在與孩子互動時，便需要常常練習耐心聆聽，及多點好奇的探問。

在這個過程中，有時可能必須接受自己在扮演父母的角色時，無法總是全知全能，也有困惑不解或力有未逮的時刻，但不妨視為可以進一步理解孩子的契機，抱著探究與發現的心情，陪他走一段成長之路。

縱使無法在孩子心目中成為「完美」的角色，但我相信，與其成為令他敬畏而無法靠近的神，更多父母會希望自己是孩子想傾訴或對話時，列在口袋名單中的重要對象。

青春期小孩的內在是一團糾結、
紊亂的毛線球，
孩子需要時間自我釐清，
也需要我們更耐心地理解與聆聽。

何不向孩子表達你的真實感受？

孩子越剛強，我們越溫柔

【讓孩子知道，你也有無能為力的時候】

與孩子互動時，你總是習慣「說教」嗎？「說教」雖然有助於迅速處理親子之間面對的問題，但也會在無形中使親子關係變得緊繃、疏離。

如果你不喜歡這種「硬邦邦」的親子關係，可以嘗試以下的新方法：

● 「除了解決問題，關顧感受也很重要」，這句話，是喜歡說教的你在與孩子互動時，必須常常自我提醒的金句。

遭遇問題時，除了對孩子開示道理、講解標準作業程序，也可以問問孩子：

·「你還好嗎？」

·「覺得困難嗎？」

·「此刻感覺如何呢？」

這些關顧感受的小問句，會讓孩子感受到你的善意、溫暖，使彼此更靠近。

● 喜歡說教，代表不善於聆聽。

除了探詢孩子的感受，也要有心理準備，耐著性子聽他發洩、訴苦、抱怨……這樣的關懷才能表裡如一，而不會變成虛假的形式。

● 耐心聽完孩子的心情故事之後，你當然可以表達自己的想法或感受，但要留心，別讓自己的表達散發出「你說的不重要，我說的才是真理」的訊息，這會讓你前半段的努力功虧一簣。

面對問題，可以在「理解孩子」的基礎上，與他一起討論解決的方法，這個方法既能夠照顧到孩子，也含有身為家長的處事智慧。

● 當然，有時即使是父母，也不一定能提出什麼建設性的解決方法，此時，請不必為了面子而逞強。

讓孩子知道你也有無能為力的時刻，其實對他也是很重要的學習。

◇◇◇◇◇◇◇◇◇◇◇◇◇◇◇◇◇◇◇

我們需要練習對孩子「告白」

在教養孩子的過程中，由於時間有限，加上希求快速解決問題，因此許多人總習慣用「說教」的方式和孩子互動。不過，卻往往招致不盡如人意的結果，以致橫生挫敗、失望乃至憤怒等情緒。

其實我們都渴望被孩子深深愛著，但由於孩子無法總是滿足我們的期待，因此，這份愛就以指責加說教的方式傳遞出去。久而久之，不但期待未被滿足，與孩子之間的鴻溝也逐漸加深。

我曾經在演講中，建議一位習慣說教的媽媽：「何不向孩子表達你的真實感受呢？對孩子而言，你的真情流露一定比冷冰冰的道理更有溫度和力量。」

這位渴望被孩子在言語上溫柔對待的母親聽了之後，某天睡前，終於鼓起勇氣向稚齡女兒「告白」。

她先試探地問女兒：「你覺得媽媽對你總是很凶、很嚴格，對不對？」

女兒點點頭。

她又問女兒：「你期待媽媽是一個溫柔的媽媽，對嗎？」

女兒似乎感覺到媽媽今天特別不同，微笑著又點了點頭。

然後，她嘗試連結自己內在的渴望，對女兒說：「寶貝，媽媽也期望你是一個溫柔的孩子。如果你能溫柔地說話，媽媽就會感受到你對我的愛，我好喜歡那樣被你愛著，我會感覺很幸福。」

她來信告訴我，在她向女兒「告白」之後，母女倆和平共處了三天。然而在第四天，卻出現了一個突發狀況。那天放學時，孩子對她說話的語氣突然變得急躁、不耐煩和沒禮貌，激得她情緒開始變得緊繃，覺得自己快要生氣了。但她試著先深吸一口氣，然後蹲在路邊，試著和女兒對談。

她對孩子說：「寶貝，你這樣，我感受不到你的愛，我不知道你怎麼了。可以說說你在學校發生什麼事嗎？」

孩子聽了，邊哭邊說她在學校很想媽媽……

這位母親在信裡寫道：

當下，我的肩膀瞬間垂放，並且了解到，孩子不是不愛我，只是她還很難描述自己的感受。回想自己小時候，似乎也是這樣的狀態，總期待放學能趕快見到媽媽，媽媽晚來一刻，我的心就一直懸著。其實，內在是擔心媽媽，但是對媽媽說話卻大呼小叫。

透過這個經驗，我終於深刻明白孩子的感受，於是，我們繼續和平共處。

多美好又令人感動啊！

面對情緒暴走的孩子，母親運用覺察力，選擇了一個過去不曾嘗試的態度回應，牽著孩子的小手，蹲在路旁與她對話。由於媽媽在內心按下了溫柔和愛的「按鈕」，因此也觸動孩子願意敞開自己，表達真實的感受。

而當雙方開啟這樣的互動模式時，不但連結到彼此內在的深層渴望，也讓親子關係從

「上對下」的階級模式，切換成相互支持、滋養的成長模式。

說教，是一種單向的傳輸

我們很容易運用說教的方式來對待孩子。

說教本身其實無所謂對錯，但若成為跟孩子溝通、互動「唯一」的招式，很快就會發現此路不通，而且無形中也會將親子關係推向對立、疏離。尤其孩子進入青春期後，不但身形逐漸變得與成人一般，內在也更有想法和自主意識，此時，父母若還是慣性地以「說教」來進行「單向」傳輸，孩子在不被理解的狀況下，抗拒的力道自然比幼童時期強烈，甚至充耳不聞，拂袖而去。

讀著這位母親的來信時，我不禁連結到自己和女兒的關係。進入青春期的她，情緒和言行總有令人猝不及防的時候，在莫名被她頂撞的當下，很難不起情緒的波濤。但我後來發現，若板起臉孔對她訓誡一番，她就會把自己的內在鎖得更緊，防衛得更嚴密，這樣一來，我希望被溫柔以對的期待不但無法獲得滿足，還會夾帶許多無力和失落感。

覺察到這個面向後，在面對孩子的「剛強」時，我決定回以「溫柔」。因為我對我們之間的關係存有上述的期待，所以我願意先用這樣的方式與女兒應對。

- **比如：面對放學後回到家，面無表情地說著「我回來了」的她，我在廚房一邊準備晚餐，一邊對她說：「歡迎回家！」**
- **又如：在她和媽媽發生爭執的時候，我會先停頓，不任意評斷，然後問她：「怎麼了？可以告訴我發生什麼事嗎？」並靜靜地等她娓娓道來。**

長期地這樣相處下來，我發現一個變化：

- **孩子在面對我的時候，比較容易敞開內心，心情也比較可以維持在平穩且放鬆的狀態。**

該她去做的事，她還是得去承擔或負責，只是，我不會一直扮演「命令者」或「裁判」的角色。我只會適時地提醒，並在她求援時，提供必要的協助。

我希望在彼此的關係中，體驗到愛

選擇溫柔，不等於討好、溺愛；選擇溫柔，也不代表能夠解決所有問題。但可以確定的是，我希望在彼此的關係中總能體驗到愛。

我相信愛通往深度的理解，而在願意相互理解的過程中，我們的想法或信念才有傳遞並與孩子交流的機會。這絕對比硬把道理塞給孩子，或以此貶抑他們的無知、斥責他們無法達標，對孩子更有幫助。

隨著孩子年紀漸長，內心和外在皆越來越剛強。而身為父母的我們選擇溫柔，氣勢看來似乎有點弱。但是當孩子將來回憶起父母時，你會希望自己是他們敬而遠之的對象？還是他們可以傾訴、商量的重要夥伴？

建議你，不妨靜心聆聽自己內在的聲音，然後再採取行動。

孩子常常放空、恍神或逃避？

他可能正透露一個訊息：「我不重要。」

【表達關心，而不是命令和指責】

與你相處，孩子出現放空、逃避等「打岔」反應時，可能正在向你透露以下的訊息：「我不重要」、「這裡沒有我的事」。如果你急切地要求他「切換」到你的頻道，他可能會「打岔」得更厲害。

建議你可以試試以下的互動方式。

● 對孩子表達你的關心：

．「你怎麼了？剛剛好像恍神了，有什麼需要我幫忙嗎？」

．「我發現你最近待在網路上的時間變多了，很擔心會影響你的學習。你最近還好嗎？」

● 孩子在你的關心之下，可能會對你訴說他的處境，也可能不會。

．若他願意對你坦承，你就有機會可以深入了解他的困難，並與他共同討論解決的方法。

．若他敷衍你，或閃躲你的關心，先別灰心或生氣，因為那可能表示他還沒準備好要告訴你。你就持續觀察，適時再表達關心，或與他分享你最近對他的觀察。

● 用「關心」取代命令和指責，會讓孩子感受到自己被重視，他就不會疏離、邊緣化自己。而你嘗試理解他的那份善意，也會增添孩子面對現實的勇氣，讓他遭遇困境時，不再充滿孤獨與無助感。

在課本上畫畫的女孩

家有青春期孩子的你，也遇過這樣的狀況嗎？

● **當你正經八百地和孩子談事情的時候，他就一臉放空、無神；而當他透過手機或電腦躲進網路世界時，卻會突然生龍活虎起來，任心焦不已的你在一旁碎念，他彷彿是個局外人。**

大部分的孩子，從小到大都在貫徹父母的意志，努力成為父母心目中的「好」孩子。然而進入青春期，自我意識越來越強之後，當初那個「努力貫徹」的樣子就會開始逐漸漂移，而「打岔」就成了他們在面對父母緊迫盯人時，常會出現的回應方式。

直白地說，「打岔」有點類似現代人所說的「放空」或「逃避」。

由於不想面對眼前的人與事，於是就讓自己的思緒抽離，呈現「有體無魂」的狀態。或者想辦法轉移話題，不讓遭遇的人與事，聚焦在自己不願（或無法）「直球對決」的艱困面上。

父母或師長越在意，而孩子越做不到的事，孩子往往就會選擇「打岔」。

我曾遇過一個國一的女孩，她有個剛上幼兒園的妹妹。從妹妹出生以後，媽媽就把關注的焦點全轉移到妹妹身上，而她除了得扮演「姊姊」的角色，無形中也被期待必須成為「小媽媽」。

她在仍需要被照顧的年紀，就必須承接這份來自母親的期待，常常遭受媽媽嚴格對待。久而久之，當不知如何面對雙重角色帶來的壓力，或大人對她的不夠稱職所發出的種種責難時，她就會躲進「塗鴉」的世界裡，乃至在上課時自動放空，開始在課本上畫畫。

你逼得越緊，孩子乾脆躲進網路世界裡

為什麼會選擇「打岔」？

從「求生存」的本能來說，這樣的應對方式，可以讓自己暫時從壓力中解脫，獲得放鬆的愉悅感，也能讓飽受煎熬的自己擁有喘息片刻的空間，蓄積之後面對壓力的能量。

而在3C產品無所不在的現代生活裡，滑手機、進入網際網路的世界，正好讓青少年在面對粗糙又艱難的現實環境時，有了可以方便遁逃或藏身的去處。但這對於一心想「直球對決」、跟問題正面交戰的家長來說，卻是很難接受的狀況。於是，衝突就此發

生：一方說教，講得越來越激動；另一方則乾脆戴上耳機，把音量調得更大聲。

在雙方越來越沒有交集的情況下，許多家長就會用「青春期的叛逆」來解讀孩子的行徑，而親子關係也就此劃下一道深深的鴻溝。

我曾觀察小孩在抽離現實生活中必須面對的課業壓力，進入網路世界放空時的反應：他們會不自覺地微笑，身體也會漸漸移動到房間裡讓自己覺得放鬆的角落，眼睛炯炯有神，專注地投入在那個和自己的現實處境完全不同的時空中。倘若孩子還戴上耳機，抽離現實的狀態就更加明顯了，有時在他身邊站了許久，甚至叫喚他的名字許多次了，他都還渾然不覺。

對比平時跟他們聊到課業學習問題時，那副彷彿在說「我好累喔！我再也不想努力」的厭世模樣，或者「我知道了，你可以不要再說了，好嗎？」的敵視模樣，完全可以理解，為何網路世界深深吸引著他們。因為在那個地方，他們既可以屏蔽在現實中遭遇的艱難，也可以跳脫別人老是用分數、成績在對他進行評斷的眼光，甚至，他可以就此忘卻在現實中因遭遇困難而產生的種種感受（如：失落、沮喪、自卑……）。

這個身影、樣態，我們同樣可以在周邊滑手機放空的人們（甚至自己）身上瞥見。

面對孩子的「打岔」反應，無法自始至終貫徹父母的意志，大部分的家長會非常焦急，因此就會開始說教，希望用最快速的方式，把整個情勢逆轉。然而，此時若操之過急，反而可能導致孩子更往網路的世界裡鑽。

我曾遇過一位單親爸爸，他非常難以接受意志消沉、委靡不振的人，而他的兒子偏偏卻呈現這個狀態，不去上學，整天「宅」在家裡。他每次瞧見都忍不住火冒三丈，對兒子總是責備與訓斥。但這個方式並沒有扭轉困局，反而讓兒子更加耽溺於網路世界，甚至出現精神錯亂，分不清幻想和現實的狀態。

究竟現實情境有多艱難，讓孩子連自己的感受都不想碰觸？

如果能接納人在活著的過程中，特別是面對艱困的情境時，都會有想要閃躲、迴避、放空的時候，在看待孩子的「打岔」時，就比較不會那麼氣急敗壞了。

身為家長，我更關心的是：

● 究竟現實情境有多艱難，為何孩子會連自己的感受都不想碰觸呢？

想來是因為一碰觸，可能會引發內在更多的混亂、無力，以致降低自我價值感，喪失面對壓力的能量，因此乾脆忽視、抽離，眼不見為淨。

●若是如此，身為父母可以為孩子做什麼呢？

我想，多關懷他在生活或學習上遭遇了什麼困難，撥點時間聆聽他內心的想法和感受，會比命令他馬上回到你認為的「正軌」上依照SOP推進，對他更有助益。

透過關心、照顧孩子內在的想法和感受，扮演聆聽者、陪伴者的角色，可以讓他感受到被守護、支持，增進他回到現實，與困境交鋒的勇氣。

下回看到孩子「打岔」時，別馬上用高高在上的指導者角色評斷他。因為在他放空、從現實抽離的身影裡，也許正透露著需要我們去關心、理解的重要訊息。

孩子一直抱怨「學這個有什麼用」？

讓孩子明白「我只在乎你」

【成為孩子生命中，理解他的伯樂】

在社會中求生存，我們容易不自覺地以某些世俗的價值觀，來評斷一個人「好／不好」、「有成就／沒成就」、「有用／無用」……我們的孩子，往往也成了其中被評斷的對象。

這些評判的尺規背後自有一套邏輯思維，但是否適合用來為每一個人的表現打分數，其實值得商榷。

邀請你透過以下的步驟，來覺察自己評斷孩子的眼光，是追求社會文化的認可，還是出於對他的珍視。

- 第一步（題一）：請你準備紙筆，並將心中認為的「好」孩子的特質（如：品學兼優、知書達禮、積極勤奮等），一一條列寫在紙上。
  - 請注意：回應時，不要以自己的孩子為預設對象。
- 第二步（題二）：接著，請你用另一枝不同顏色的筆，將孩子身上令你欣賞的特質（如：善良、乖巧、樂觀、活潑、獨立、勇敢等），寫在上一題回應內容的旁邊。
  - 請放心：你對孩子的欣賞，不需要得到別人的認證，只要你覺得他的某個特點很棒，無論大小，都可以寫下來。
- 第三步：請仔細觀察以上兩者之間的連結或差異。
  - 「題一」可能承載著某些社會價值觀，「題二」則單純由孩子身上散發而出。
  - 它們沒有孰輕孰重、是非對錯的問題，因為在你眼中，它們都是重要的。

● 說明：

．倘若你發現自己認為「題一」相對重要，代表你可能對於孩子的發展，能否獲得社會價值觀（旁人的眼光）的認可，十分重視。

你毋須剔除這個部分，只需提醒自己：多在欣賞孩子（你對「題二」的回應）的基礎上，引導或激勵他，往你希望他達標的方向前進。

．倘若你較為重視孩子本身的亮點，而非是否獲得社會價值觀的認可，代表你是孩子生命中的「伯樂」，常能對孩子表達認同與賞識。

你在題一中的回應，可以為你在陪伴孩子成長的過程中提供靈感，觸發自己時時思考：如何不讓孩子的美好特質只是孤芳自賞的螢火微光，而能進一步地超越自我，照亮他人與社會。

不說教，選擇做個「守護者」

從小學二年級開始學書法的女兒，六年級時，代表學校到校外參加書法比賽。

青春期的孩子對於這項「殊榮」，表現出不屑一顧的態度，不時抱怨：「還得犧牲午休時間，額外去特訓、練習。」

每當疲倦的時候，甚至還會說：「學這個有什麼用，又不能賺錢！」

隨著孩子年紀漸長，他們受到世俗價值觀影響的痕跡漸漸趨於明顯。就如學書法這件事，起初我們帶她去學習，只是單純地希望培養她的專注力，並涵養一顆靜定之心，並無學才藝以博取名利的奢望。而她一路走來，也就順水推舟，把自己練就成可以去參加比賽的狀態。

只不過，的確太常聽她說「學這個有什麼用，又不能如何、如何」，我和太太看在眼裡，自然有些擔心。

不過，面對孩子從世俗、功利的角度批判自己的學習，我選擇不說教，用行動繼續陪她在這條路上前行。

炎夏的星期三午後，學校只上半天課，我固定會去接她到校外的書法教室報到。有時

看她意興闌珊，就跟她說：「今天天氣好熱，待會兒下課之後，我們一起去吃碗芋圓冰或仙草凍，好嗎？」聽我這麼一說，她消沉的表情瞬間閃現一絲光采。

於是，星期三下午的書法課後，父女倆手牽手走一小段路，一起散步去吃冰，就成了我們共同的夏日記憶。

什麼是「有用」、「無用」，不能只從名利來衡量，也不能在短期內就輕率地評斷。這些道理對青春正盛的孩子而言，還太虛無縹緲。

我心知如果跟女兒講道理，只會加深彼此的鴻溝，對她的持續學習毫無幫助。不如靜靜地當她的「守護者」，讓她知道，這段路途也有值得珍惜的美好。

我真的很欣賞你，我在乎的只有你

書法比賽結束當天，女兒回到家後，我問道：「寫得怎麼樣，還順利嗎？」

只見她一臉酷酷地說：「還好啦！大家都寫得很好，我一定不會得名。」

我說：「結果都還沒公布，怎麼就這樣洩氣。」

她回我：「事實就是這樣，到頭來就是浪費時間。」

聽她這麼一說，我直視著她，對她說：

「妹妹，你能有始有終地把這件事完成，我真的很欣賞你。別人寫得如何，或者你會不會得名，我都不在乎。我在乎的只有你。

「不管最後結果如何，我們都一起把這段路走完了，光是這件事，我就覺得你很不簡單，真的很棒！」

我張開雙臂，把她擁在懷裡。

我想讓孩子知道，爸爸關心的不是結果的輸贏，而是她在整個過程中的努力。那些不為人知的點點滴滴，我都看在眼裡。

青春期的孩子以倔強的外表，來隱藏敏感、脆弱的心

其實我也明白，孩子平常雖然表面一副不在意的模樣，但其實對於輸贏仍然有得失

心。與其最後因為沒有得名而得不到父母的認可，不如先把自己貶得一文不值，以免父母因期待落空，而對她失望。

青春期的孩子，似乎就是以如此倔強的外表，來隱藏敏感、脆弱的心。

關於世俗評斷一個人、一件事是否具有「價值」的種種眼光與議論，我們或許無法扭轉、改變。但是，在家庭這個與「歸屬感」密切連結的場域，我們卻可以用行動讓孩子明確地感知，父母對於「什麼是有價值／有用的」，自有看法與堅持，不一定要附和。況且，父母最在乎的不是孩子身上有沒有「光環」，而永遠、永遠是孩子這個「人」。

孩子為什麼會長出「刺」？

內在需求被滿足了，情緒自然會相對地平穩

【擁抱身旁的小刺蝟，找回平衡的關係】

家庭中，也有所謂的「三角關係」，這是輪流以其中一人為核心，隨機與其他兩人編為一個「三人組合」。例如一家四口之間的關係，就有十二種組合。

家庭中的每個人要面對的互動網絡其實頗為複雜，也往往由於無法面面俱到，同時顧好每一組關係，因此「三角」便極易形成親子關係中，緊張的地雷區。

如何把對「三角關係」的理解，運用到家人之間的互動、相處呢？

●觀察孩子叛逆的言行，是否與家裡其中一個「三角關係」的失衡有關。

比如我的女兒有段時期的「刺蝟」行徑，是來自「母—子—女」三角關係的失衡。她叛逆的目的在於引起關注，若能注意到這個層面，便能適時地對她提供協助或支持。

孩子的內在需求若被滿足了，情緒自然會相對地平穩。

●可以藉此觀察，家中的「邊緣人」，是否也與「三角關係」的失衡有關。

．例如：有時因為伴侶的生活重心都在孩子身上，另一方在伴侶和孩子之間「被邊緣化」，或是他自己「自動邊緣化」。

．又如：有些孩子在父母與手足之間，因常被相互比較而自慚形穢，便自動將自己「消音」，或扮演家中的「隱形人」。

在你的家庭中，若有類似上述的情境與家人，便可以嘗試從「三角關係」的觀點，看看能夠如何施力，讓彼此的相處找回平衡、和諧的氛圍。

◇◇◇◇◇◇◇◇◇◇◇◇◇◇◇◇◇◇◇◇

渴望愛的「小刺蝟」

孩子年幼時，我們常覺得他們是天使，因為大多乖巧又可愛。然而慢慢長大後，孩子開始表達反對意見，甚至出言不遜，面對這樣的情境，為人父母若是心臟不夠強大，玻璃心往往會碎滿地。

當發現孩子像隻「小刺蝟」，常常在家中出現挑釁的言語或行為時，可以觀察一下我們與孩子之間的「三角關係」是否出了狀況。

為了保護自己的低價值感，小孩長出「刺」

前陣子，我發現女兒似乎跟以前溫順的感覺有些不同，常常與太太有言語衝撞，甚至劍拔弩張。

「你的功課完成了沒？剛剛這段時間都在做什麼？」太太質問女兒。

「我還沒做完，因為在等你教我。」女兒漫不經心地回應。

太太被她的漫不經心惹惱了：「不是叫你先把會寫的完成嗎？你這樣很浪費時間耶！」

「這個部分很難，我就不會寫啊，你聽不懂喔！」女兒不耐煩地回嗆。

「你這是什麼態度！寫功課是你的事，還是我的事？不懂就要主動想辦法解決啊！你上課到底有沒有專心在聽?……」

太太的火氣已經上來，越說越激動，女兒則把頭撇向一旁，露出不馴的神色。

我在旁細細觀察，發現了女兒的心事癥結：由於哥哥忙著準備大考，媽媽花較多時間與心力督促他的課業，失去關注的她覺得被冷落了。加上媽媽因陪伴哥哥耗費相當多的心神，等回過頭來關照女兒的時候，已經疲憊萬分，若她的表現無法馬上符合媽媽的期待，往往被指責的下場居多。日積月累之下，她言行上的「刺」便長出來了。

這個「刺」是一種防衛機制，要保護的是自己的低價值感。因為女兒在與媽媽、哥哥的三角關係中，感覺到自己被邊緣化，因而陷入失落與無助的狀態。

面對三角關係，處於「第三方」的那個人通常有三種應對方式：

- 一是破壞它，以奪取被關注的機會。
- 二是支持它，讓自己變成潤滑的角色，使三人的關係更為穩固、和諧。
- 三是成為完全的旁觀者，面對三人關係中，另外兩人較為緊密的狀態，他不為所動，怡然自得。

對於未成年的孩子而言，要做到後兩者十分困難，因為自身的存在與價值感尚未完全建立，還需要父母、師長的悉心陪伴。

因此，變成一個看似破壞者的「小刺蝟」，就成了大多數孩子在面對家中三角關係的不平衡時，常常會出現的狀態。

你並不孤單，家人們依然都愛你

我知道太太需要協助，也看到女兒因失落與無助而豎起的尖刺，因此主動介入她們和兒子的三角關係中。

太太專心與兒子討論功課時，我對坐在一旁、感覺自己被放生的女兒說：「我們到隔壁房間，爸爸陪你寫功課。」

太太忙著督促兒子的課業進度，而無暇周到地關照女兒的生活細節時，我對準備去洗澡的她說：「等一下爸爸幫你吹頭髮，特別為你服務喔！」

送女兒去上校外課程時，看著因媽媽要陪哥哥分不了身，而顯得落落寡歡的她，我蹲低身子，笑著對她說：「爸爸會在附近的咖啡館看書，等你下課，待會兒我們一起回家！」

我想讓孩子知道：

「媽媽並不是不關心你，只是忙不過來。爸爸在這裡，可以幫忙，你並不孤單，家人們依然都愛你。」

對於親子關係有了這層覺察，我調整互動的姿態，並試行一段時間之後，女兒的笑容多了，可愛的模樣似乎又回來了。

有天我問她：「今天你的火山有爆發嗎？」

她靦腆地說：「沒有喔！」

我說：「太好了！記得讓它長滿青草樹木，這樣動物們才會喜歡靠近並棲息。」

她點點頭，笑著回道：「沒問題！」

孩子其實在問你：「我值得被愛嗎？」

孩子是用父母看他的眼神，來看待自己

【每個孩子都是獨一無二的人】

每個孩子都是獨一無二的存在。請帶著這三種角度去欣賞孩子，你就會發現他們身上散發的「光芒」。

● 多從「歷程」去肯定孩子的努力，不要認定豐功偉業（結果）才值得欣賞。

● 成長與否是個人的事，不要帶著較量之心（輸或贏），輕率評斷孩子的表現。

● 生命總有「已達標」、「未達標」的部分，要看重孩子「已達標」的可貴與價值，不要只將目光聚焦在「未達標」之處。

當孩子說她表現不好，沒有得名

女兒被老師推派代表班上參加學年的朗讀比賽。沒有朗讀經驗的她顯得有些緊張，拿著老師提供的參考資料，回到家就找我或媽媽練習。從上、下台應注意的儀態到朗讀時的發音與聲調，我們盡可能地協助及提醒，女兒也亦步亦趨地跟隨著引導，慢慢有了可以展現的樣態。

不過，她仍舊不太有信心。比賽的前一晚，她說：「我一想到明天就要上台比賽，身體竟然在發抖耶！」

隔天回到家後，她對於比賽的結果隻字未提，我一時也忘了這件事。

直到睡前突然想到，我問女兒朗讀比賽的結果如何。她把頭壓低，小小聲地回說：

「我表現不好，沒有得名。」

看著沮喪的她，我有點心疼，微笑著對她說：「你已經盡力了，那就是最棒的。我很好奇你昨天緊張到發抖，今天是怎麼完成比賽的？」

她說：「我還是緊張到發抖，但我把抽到的文章朗讀完了。」

剛好太太和兒子也在場，我對他們說：「哇！妹妹好勇敢。我們一起給她三次愛的鼓勵，好嗎？」邀請他們一起為妹妹的勇於迎向挑戰鼓掌。太太和兒子都很配合，在我們整齊、有力的掌聲中，妹妹這才展露笑顏。

我希望孩子明白：

「無論成功或失敗，都不影響家人對你的愛。你面對未知和恐懼，仍然認真以對、全力以赴，我們都看見了，那才是值得喝采的。」

無論從天而降的是愛或傷害，
孩子都只能承受

孩子在未成年階段，多數都是透過父母或周邊成人的眼光、評價，來確立自我存在的價值：

- **「我重要嗎？」**
- **「我夠好嗎？」**
- **「我值得被愛嗎？」**

類似的問題，孩子多是從父母那兒找尋答案，而且很容易就將自己以為的「答案」，作為判斷自我存在價值的依據。

每個孩子都是獨一無二的，在成長過程中，若孩子能真實感受到父母無條件的關愛，便能逐步建立對於自我的信心。而在這樣的前提下，親子關係的發展也才能免去過多的負累與糾葛。

一回的自我探索工作坊中，夥伴明美分享了她與母親之間的故事。

從小不管明美做什麼事，母親對她總是挑剔與批評。於是透過母親的眼光，她無形中便以「愚笨」、「無用」來認知自己，在成長過程中，也無意識地將這些標籤貼在自己身上。

為此，她曾經認為自己非常沒有存在價值，甚至在幼小的心靈中，疑惑自己為何要活在這個世界上。

在工作坊的角色扮演現場，我看著明美對站在前方，身上掛著「母親」名牌的夥伴發出憤恨的怒吼：「你為什麼對我那麼有意見！你自己又做得多好？你以為你是誰？我恨死你了！」

她聲嘶力竭地咆哮、控訴、痛哭，讓在場的每個人都被震懾了。

回到現實中，即便她如今已是成人，也建立了自己的家庭，並擁有一份穩定的工作，但母親過去看待她的眼光及不斷給予她的負面評價，仍然如鬼魅般糾纏不清。

在這樣的生命歷程裡，娘家成了她避之唯恐不及的「傷心地」，彷彿只有離開那裡，她才能呼吸到一口清新的空氣，並看到生存下去的希望與可能性。

在明美的故事裡，我再次看見父母對待孩子的方式，有多麼強大而深遠的影響力。從孩子的視角仰望，父母彷彿是天，無論從天而降的是愛或傷害，孩子都只能承受。父母的「察」與「不察」，將會塑造孩子多麼不同的人生啊！

身為父母的一場修練

女兒不想主動告訴我比賽結果，可能是因為她認為只有贏了比賽，才會獲得父母的認可與愛。

但是面對在生命歷程中遭遇挫敗的女兒，我想告訴她的是：

「爸爸不會因為你贏得獎狀或獎盃，可以帶出門去向人炫耀，就特別愛你；也不會因為你表現平庸，就討厭、嫌棄你，認為你不值得被愛。無論你成功或失敗，爸爸都一樣愛你。

「看著日漸成長的你，爸爸內心當然對你有許多期待，期待你品學兼優、才藝出眾、善解人意、懂事體貼……但那與爸爸愛不愛你，是截然不同的兩件事。無論你最終符不符合爸爸的期待，爸爸都希望自己可以時常覺察你的生命具有獨特的價值。

「我必須積極去做的是，不斷探索並守護從你生命歷程裡散發出的『光芒』（比如你在這次朗讀比賽中展現的勇氣），而不是僅從你是否滿足我或社會的期待，去評價或論斷你的成就。

「我深知身為父母，這將是多不容易的一場修練，但我願以這樣的方式看待你。」

親子關係中隱微卻關鍵的「痛點」，
最需要看見的人是我們家長，而非孩子。
負有「生養」和「教養」雙重責任的父母，
需要更敏銳地看見自己的起心動念，
才能知道自己是帶著孩子走向何方。

捨不得看孩子受挫而傷心，怎麼辦？

擁抱挫敗與悲傷，讓人長出屬於自己的力量

【陪在孩子身旁，一同面對挫折】

身為父母，誰不希望孩子有成就，但真實的人生起起伏伏，一時的成功無法保證終身皆然。當孩子的表現不如他自己的預期，遭遇挫折，心情跌落谷底，甚至哭泣時，你是如何陪伴他的呢？

孩子遭逢逆境，對父母也是很大的考驗。以下提供幾個面向，有助於我們對親子關係有所反思，並且明白：「與孩子一同面對挫折」也是經營親子關係很重要的契機。

- 孩子有成就會帶來榮耀、光環，父母自然也與有榮焉。人人都想養個「王子」或「公主」，因為帶出門去總能引來讚賞的眼光。
  - 但請你問問自己：「我是否有這種執著呢？我是否只能接受孩子成功呢？」若答案為「是」，要小心孩子已在無形中被你視為滿足虛榮的工具。在親子關係中，你最在乎的可能是自己。

- 當孩子遭遇挫敗而失意時，你比較關心他的狀況，還是在意別人的評價呢？
  - 若較關心他的狀況，就有機會做到真實的「陪伴」。
  - 若較在意別人的眼光或評價，你的關心、陪伴便會夾帶許多壓力，而孩子從你那兒接收到的，就容易變成批判和指責。

- 當孩子遭遇挫折而難過、悲傷，甚至淚流滿面時，你的反應是什麼？
  - 軟言安慰、鼓勵？

·轉移話題，分散他對困境的注意力？

·即席「開示」一番人生道理，引導他用理智壓抑感受？

以上這些方式沒有對錯，但在使用之前，可以嘗試增添一個步驟：不用言語，只是安靜地陪伴。

任何人遭遇挫折時，都需要時間來重整自己，孩子亦然。急於安慰、說教或打岔，多數只是想解決問題，或處理自己的焦慮、不知所措，孩子反而沒有得到真正的關懷。有時無聲的同在與陪伴，更能夠發揮支持的力量。

孩子最需要的，是父母的接納與擁抱

兒子念國一時，數學這一科是他的罩門。太太和我想了許多協助他的方法，最後，擔任小學教師的太太決定每天擔任他的「家教」，陪伴並督促他精進用功。

兒子看到媽媽親自操盤，自是不敢怠慢，每天除了學校規定的功課，還額外勤做習題，並且努力克服過往跳躍思考、解題粗心的慣性，期待在每次的週考乃至段考中，能有突出的表現。

無奈，某次週考的結果出爐之後，他的整體分數依舊被數學拖累，而且和他預期的標準落差頗大。付出的心血與成果不成正比，顯然讓他既感挫折，又心有不甘。那天放學之後，獨自坐在客廳一角的他竟默默哭泣起來。

身為父母，目睹這樣的情景，自然感到心疼與不捨，但是對於被挫敗感籠罩的兒子而言，此時再多的安慰、鼓勵或說教，恐怕都無法發揮什麼正向的效用。

於是，我和太太就這麼靜靜地陪在他身旁，讓他好好地經歷這份悲傷。一會兒之後，看他不再流淚，低垂的頭也慢慢抬起，我知道他的心情逐漸平靜下來了，於是上前給他一個大大的擁抱。我想傳達給孩子的是：

「你努力的過程，爸媽都看在眼裡。雖然結果不盡如人意，但我們依然全力支持你。你不需要在意爸爸和媽媽會如何評價你，我們都在同一條船上，你只要好好地關照自己。

「然而，面對不如意的結果，我無法替你承擔，因此我選擇緘默，不帶評斷，讓你可以沉澱一下，學習正視與負責。」

我拍拍兒子的背，但並不說話，我相信那些勵志的話語，十三歲的他都瞭然於心。此時，無聲勝有聲，他需要的其實只是父母的接納與擁抱。

透過哭泣來傾洩悲傷，是自我療癒的過程

面對孩子遭遇挫折，我們身為父母往往於心不忍，而急於解決眼前的困境，但這其實是在不經意間，要孩子忽略自己的感受。

經典的台詞諸如：「人生不如意事十常八九，這沒什麼好哭的，我們下次再加油就好。」「勝敗乃兵家常事。失敗了就代表自己努力不夠，這也是很好的經驗，你要學習正向思考。」「男兒有淚不輕彈，你遇到一點挫折就哭，表示抗壓性太低，這樣怎麼面對未來的考驗和挑戰。」……

這些話在某些方面並沒有錯，但孩子此時迫切需要的，應該是父母更多的同理，讓他好好地悲傷，因為拚盡了全力，但結果卻好像徒勞無功，確實令人沮喪、難過。

透過哭泣將悲傷傾洩而出，是自我療癒的過程，應該讓孩子完整地經歷。而非因為不捨或急於解決問題，而要孩子忽視內心的真實感受。

此時關懷的焦點，是孩子這個有血有肉的人。若著力於處理自己的不捨或問題帶來的困窘，急於說教或指責，就反而是我們在安撫自己的焦慮，而非關愛孩子了。

從自己刻骨銘心的經歷所萌發

在經歷數學考試挫敗的打擊之後，兒子有因此消沉而一蹶不振嗎？並沒有。因為他在感受悲傷的同時，也深刻接收到家人的同理與支持。

隔天，所有該為數學而做的準備與練習依舊如常，太太和我也沒有因此特別去激勵他。

我相信，他在擁抱自己的挫敗與悲傷的同時，也在內心長出了一些東西。那不是由他人或勵志書籍的說教而來，而是從自己刻骨銘心的經歷所萌發。

我們要做的就是讓他知道：

- **關愛和支持的力量不會潰散。無論成功或失敗，家人永遠是最堅實的後盾。**

後來，兒子的數學成績在他綿密地鍛鍊基本功下，逐步地穩定提升。沒有傳奇般的劇情，生活與學習就是如此需要耐心及恆心。

而當孩子在過程中跌倒、哭泣的時候，記得別急著叫他「轉大人」，蹲下來陪他一下、等他一會兒，這時的他最需要的，其實只是一個愛的擁抱。

孩子丟來「心情變化球」，我們要怎麼接？

在生命的低谷，與孩子同行

【在靜心的過程中，安頓身心】

孩子在生活中遭遇的難題，有時父母也會有束手無策的時候。此時，除了對他開示道理，以維持身為父母的英明睿智之外，「靜靜地陪伴」也是一個不錯的選擇。

在此示範一段「靜心」的過程。透過帶領孩子靜心，親子可以在遭遇的事件上先做「停頓」，不要急切地去回應問題，而是先安頓彼此的身心。

- 首先，你們可以在家中一個安靜的地方，輕鬆地坐下來。
- 放點輕音樂，閉上雙眼靜靜聆聽，讓整個人沉浸在舒緩的氛圍中。
- 引導孩子把注意力放在呼吸上，然後用緩慢的語速，帶他做幾次深呼吸，時間長短依狀況而定。
- 在思緒與呼吸的規律節奏保持同步之下，引導孩子在心裡對自己表達感謝與欣賞。然後在這樣的氛圍中，請他慢慢地張開眼睛。
- 彼此分享剛剛在靜心的過程中，關於身體和內在的體驗。

在身心靜定的狀態下，可以幫助你和孩子在看待眼前的難題時，產生不同的心境與想法，甚至找到解決問題的靈感。

清理內在的四句訣：「對不起，請原諒我，謝謝你，我愛你。」

台灣青少年的苦悶，在於「不是在考試，就是在準備考試的路上」。不只孩子心裡苦，家長更是為了接住孩子冷不防丟過來的「心情變化球」而忐忑不已。

某天開車載國中的兒子去補習班自習的路上，他忍不住抱怨起來：「那些制訂教育政策的官員在推行這些制度之前，應該都沒有實際體驗過我們在過的這種生活。如果他們體驗過的話，就會知道什麼叫做『不人道』了。」

兒子的這番話，猛然勾起我年少時沒日沒夜K書的苦悶。那時，我甚至在日記中寫道：「這種彷彿被囚禁的日子，真是了無生趣。活著真沒意思，不如死了算了。」

一想到這兒，我的內心不禁揪了一下，而平日的習慣使然，在覺察到這段記憶的當下，我的內在便開始進行「清理」，我告訴自己：

孟昌：

對不起，我不知道過了這麼多年，你的心裡還裝著那麼多不愉快的記憶。

請原諒我，當時整個被苦悶淹沒，無法好好照顧你。

謝謝你，透過我和兒子對話的時機，讓我知道內在有一個被忽略的區塊需要關照。

雖然那些記憶如此不愉快，但我們也一起走過了，真的很不容易，我愛你！

「清理」的概念，來自於夏威夷的一種內在療癒法——荷歐波諾波諾回歸自性法（Self I-Dentity through Ho'oponopono, SITH），這種方法又名「零極限」。原理是視當下所有內在、外在的體驗為累世記憶的重播，一旦自己有所覺察，可以用「對不起，請原諒我，謝謝你，我愛你」四句訣回應，藉以清理記憶而歸零，讓身心獲得平靜，也讓遭遇的問題得以順利解決。

當兒子的抱怨勾動我年少時在升學考試壓力下的種種痛苦，感覺彷彿烏雲罩頂之際，我便不斷在內心默誦這四句訣：「對不起，請原諒我，謝謝你，我愛你。」面對來自過去，在內心如波濤翻湧的記憶與感受，這四句口訣彷彿是「通關密語」，散發著懺悔、感恩與慈悲的能量。透過循環往復的默誦，讓我感覺到自己從過往生命經驗的泥濘中掙脫了出來，這才可以踏實而專注地活在當下。

感覺到自己的內在穩定下來之後，我以同理兒子心情的角度，跟他分享了自己過去也曾經跟他一樣，在升學體制裡覺得苦悶異常，甚至感到生不如死。

兒子聽得很專心，且有點驚訝平日看似平靜的爸爸，從前在升學體制的掙扎中，竟然也有如此激烈的反應。

我會陪著你，一起穿越這個時期

車子在紅燈前停了下來，我往窗外看，正好有一對年老的父子檔經過，兒子看來約莫七十歲，步履蹣跚地推著坐在輪椅上的高齡父親緩緩前行。

我對身旁的孩子說：「你看那個老爺爺，年紀那麼大了，還得照顧比他年紀更大的老爸爸，真的非常辛苦。生活本身就是一場戰鬥，每個人的難處都不相同，而你現在就在面對屬於這個年紀的『戰鬥』。」

他看著車窗外那對年邁的父子，若有所思。

我繼續說道：「雖然從我的學生時代至今，教育體制好像沒什麼太大的變化，仍然是升學考試導向，但你們的選擇和機會，已經比我們那時候多元。我相信制訂政策的人也很希望讓大家都滿意，但仔細想想，要面面俱到地達到完美，真的很難。」

他點了點頭，臉上的怨懟之氣似乎少了些。

車子停在另一個十字路口的紅燈前，我以過來人的身分與他分享心得：「人要活在『當下』是非常不容易的，尤其是這個『當下』如果充滿困難，我們一想到自己必須披荊斬棘，就會不太想面對。可是，這個『當下』卻又充滿力量，因為它是我們唯一可以施力的地方，而且它會決定我們的未來。

「我完全可以理解你的感受。但我想告訴你的是，你並不孤單，我會陪你一起穿越這個時期，好嗎？」

簡單易做的「靜心」練習

即將抵達補習班之前，我把車停到路邊，請兒子輕輕地閉上眼睛，引導他進行「靜心」：

請你把注意力從外面的世界拉回來，放在你的呼吸上，感覺一下，呼吸正在你的鼻腔之間，一進一出。它正在用一種非常規律的方式照顧著你，而且，從你出生的那一天開始，至今都沒有間斷。如果你有深刻感覺到它的存在，可以在心裡傳送給它一個感謝的意念，對它說聲「謝謝你」。

接著，請你想像呼吸是艘小船，它在安靜的湖面上漂浮，而你正把整個身心，安放在這艘小船上。順著它的律動，請跟著我的引導做三次深呼吸：

吸氣……吐氣……

吸氣……吐氣……

吸氣……吐氣……

持續跟你的呼吸保持連結，並且在心裡送給自己一個自我欣賞的訊息，欣賞自己即便面對困難、挑戰，仍然沒有輕易放棄，正一步步尋找解決的方法；欣賞自己的堅持和毅力。然後，在欣賞的氛圍中，慢慢地張開你的眼睛。

兒子輕輕睜開了雙眼，此時車廂內充滿寂靜，只有窗外間歇傳來車流聲。

我問他現在感覺如何，他答說感覺輕鬆多了。

我對他說：「如果你覺得我在靜心前對你說的那些話有用，那麼你就透過吸氣，把它吸進身體裡。假如你覺得那只是一些大道理，沒有什麼幫助，就透過呼氣讓它離開身體。」

兒子又做了一次深呼吸。

目的地到了，目送孩子走進補習班，看著他青春的背影，讓我再次想起曾經在這個年紀苦悶到「生不如死」的自己。

曾經認為跨不過去的坎，我在當下這個時空以滿滿的感謝回應，並將帶著信心與孩子同行，陪他一起穿越。

你想改變孩子，還是關心他？

當孩子不符合你的期待，先別急著失望

【接納像一座橋，讓親子走向彼此】

為人父母對孩子有諸多期待是人之常情，但也有許多家長因為這份期待無法被滿足，而對孩子大失所望、大發雷霆，因此搞砸了親子關係。

以下提供的方法和步驟，有助於深度地辨識內心對孩子的「期待」的面貌，以便我們能善用它，而非被它牽制。

● 第一步：請將自己現階段對孩子的期待，全部條列出來，寫在紙上。

● 第二步：請仔細審視這些林林總總的期待，並一一用來比對孩子目前的現狀。

· 你可能會發現有些期待過於遙遠。例如孩子目前只是國中生，而你對他的期待卻聚焦在二十年後的他。

· 或者可能發現有些期待有點不切實際。例如孩子明明學業表現平平，你卻期待他可以考進人人擠破頭的明星學校，成為有「光環」的模範生或學霸。

遙不可及或虛幻不實的期待，容易遮蔽你的眼，讓你忽略孩子現下的狀況。你得小心，別被自己造的「海市蜃樓」給騙了！

● 第三步：刪去那些過於「夢幻」的期待之後，你可以再仔細瞧瞧：剩下來的那些期待與你的父母對你的期待，其間有沒有什麼關聯？

· 有人會把自己無法滿足父母期待的遺憾，轉嫁給孩子，希望孩子去實踐、完成。

· 有人則將父母對自己的期待當成使命，希望孩子繼承、延續。

這無法論斷對錯，只是自己在當中必須清楚地辨識：我和孩子的關係，與我和父母之間的關係截然不同。當你有此意識時，會幫助你更加明瞭如何看待並善用這些期待。

● 最後一步：我想說的是，這世界正如你所見，多有缺憾，少有圓滿，佛家稱之為「求不得」。因此，當孩子無法滿足我們的期待時，我們必須練習輕輕放下，而不是捶胸頓足。請注意，我說的是「放下」，而不是「捨棄」。你仍然可以對孩子懷抱這份期待，只是不再緊抓不放。

· 當你願意稍微鬆手，就能更彈性、更實際地去面對孩子無法如你所願的原因。

· 當你能夠更真實地面對孩子，才看得見他的成長究竟需要父母提供什麼協助，間接地也為親子之間的溝通、對話，搭起了一座穩固的橋。

能真正接納，才有實質的關懷和陪伴

「接納」是在許多親職教育講座或親子教養書籍中，常常出現的關鍵詞。

當接收到這個詞的時候，我們往往很難馬上與正向且具有解決問題效用的方法連結，因為它似乎傳達了一個訊息：「就這樣吧！看開一點，不然能怎麼辦呢？」有種被迫只能接受的無奈。

這是把接納等同於放任或放棄，不但無法解決親子之間可能存在的問題，所謂的「接納」也只是粉飾太平，自欺欺人。

然而，在「真心想要有所改變」的前提下，「接納」其實是一個很重要的起手式，因為它顯示了一種常在我們慣性思考之外的想法：

- **事情的發展，的確有我預期之外的可能性。我可以接受眼前的狀況與我的想像不同，是應該停下來，好好想想其他解決辦法的時候了。**

這是在發現孩子沒有完全按照我們心中的「理想劇本」（期待）演出時，我們願意先暫時喊「卡」，關心孩子脫稿演出的原因或無法入戲的狀況，適時地調整彼此的互動模式；甚至根據孩子的現況，去修改「理想劇本」的某些內容，以幫助孩子在人生舞台上有更好的演出與展現。

換句話說，能做到真正的接納，關懷和陪伴才能同步並實質地開展。孩子的成長過程與父母的期待，才能保持對話關係與開放的創造性。

內心負傷的孩子，如何投奔家庭的懷抱？

有回和一位志工媽媽聊天，她提到家中令人憂心的小兒子，說：「他有打工，生活也很獨立，沒什麼讓我們煩惱的，就是太熱衷於社會運動，非常脫序。我和他爸爸常常搞不懂，他為什麼就不能像兩個哥哥一樣安分守己，老是把自己的生活弄得一團亂。」

「成長過程中，你們對待他的方式有比較不同嗎？」我問。

「沒有啊！他是老么，在管教上，我們對他反而還比較寬鬆。」

我繼續好奇地詢問：「所以，你是想改變他，還是關心他呢？」

她愣了一下，似乎察覺到要改變上了大學的孩子已經是不可能的任務，故轉而問我：「最近他要我有空就看一下電視劇《我們與惡的距離》。為了更了解他在想什麼，我是不是應該去看看？」

「如果你想更靠近他，的確可以看看，或許會對他為什麼要常常上街頭有更多理解。」我回答。

和這位志工媽媽聊天的過程中，她不斷用「脫序」來評價小兒子，埋怨、指責他都不親近家人，只有在大家為他擔心不已的時候，才會在家庭群組中很低調地說「對不起」。

子女的成長方向不符合父母的期待，是非常可能發生的事。但父母如果沒有意識到這一點，仍然堅持以自己的期待為「模板」，來看待孩子的所作所為，衝突、對立和疏離是必然的結果。

兒子那句「對不起」背後的潛台詞，恐怕還包含著無法滿足父母期待的自責與內疚。一個內心負傷的孩子，要他如何投奔家庭的懷抱呢？

表達關愛，有很多種選擇

「接納」是親子之間的一座橋，起於關心對方，並想要產生深刻的連結，讓彼此有了持續對話的機會，親子關係也才會成為一段相互陪伴與理解的旅程。

愛孩子是父母的天性，但在表達關愛時卻有很多種選擇。我們可以很真誠地問問自己：

- **我是要無奈地接受孩子的不符期待，並失望、負氣地永遠轉身？**
- **還是靜下心來聆聽、理解孩子，並讓他也知道我的想法，讓彼此真正擁有相互溝通的機會？**

孩子是不長進，或只是不符合你的期待？

教養孩子，別忘了他的真實需求

【控制是滿足自己，陪伴才是協助孩子】

父母對孩子有期待是人之常情，但如何避免變成孩子成長的阻力，乃至傷害親子關係呢？

- 如實地觀察，你對孩子的期待，和眼前孩子的模樣、狀態，有何落差？

．你可能期待他穩重、守規矩，但他卻一刻也靜不下來。
．你可能期待他是個人人稱許的學霸，但他卻對學習提不起勁……
真實地看見落差，可以幫助身為家長的我們活在現實中，而非活在美夢裡。

● 面對孩子的表現或發展不符自己的期待，你可以觀察自己的內在產生何種感受。比如：
是憤怒？
是失落？
是愧疚？
或是……
這些感受是種訊號，可以幫助你釐清，在教養孩子的過程中，你所施的力道是名為「控制」（滿足自己），或是名為「陪伴和愛」（協助孩子）。

● 期待與現實之間有落差，是這個世界的真實樣貌，在教養孩子的路上亦如是。
看見落差，可以幫助你更加務實，明瞭孩子現下需要父母如何引導或協助。而非緊抓著自己的期待，對孩子的「不合規格」直跺腳。

著急的父母，無助的孩子

阿力是我在閱讀書寫兒童班的學生，上課時表現得浮躁、懶散，寫作業也慢吞吞的，需要特別關照、陪伴，才能勉強跟上進度。

私下了解他的狀況，才知他因有嚴重的皮膚過敏，導致無法專注。身體的不適感奪去了阿力大半的注意力，對他來說，好好把自己安頓在教室的座位上，已是一項艱難的任務。偏偏父親在意的是他在閱讀、寫作上是否有長足進步，倘若原地踏步，便會對他大加斥責。因此，阿力對父親的印象是「很愛生氣」。

當孩子的表現與我們的期待有落差時，在「望子成龍，望女成鳳」的心情之下，為人父母面對眼中「不長進」的孩子，心中氣憤難平是可想而知的。

但如果我們只在意自己的期待是否被滿足，而未看見孩子並非不長進，其實是有急迫需要父母協助跨越的難關，此時，若未適時伸出援手，親子關係恐將走上分岔路口。因為著急的父母不斷憤怒、指責，而無助的孩子因不堪長期被批判、貶抑，最後只能選擇逃離，走向與父母漸行漸遠的路。

阿力現階段最需要的協助是好好照顧他的身體，陪他練習與皮膚病共處，讓他可以在學習的場域中安住，絕非把技能的提升擺在首位。

身心若能照顧得穩妥，家庭的支持系統又穩固，孩子內在的安定感增強，學習力自然會提升。

爸媽強迫他穿上名校制服

類似的親子相處情境，也出現在我任教的大學課堂中。必昇是我班上的學生。有一次，我出了一份作業，請學生們寫下自己的生命故事。他在交來的文章中寫道：

我從小到大都是父母眼中的乖小孩，不斷保持品學兼優，希望可以用亮眼的表現，照耀父母臉上的榮光。然而，在升高中的大考後，我決定要與「乖」這個字分道揚鑣，不再為父母的期待服務。

他們心心念念地期盼我能考上第一志願的名校，所以在大考之前，就先幫我把制服都買好，預計在我生日當天讓我穿上，然後在大家的祝賀中，邁向人生的另一個階段。

可惜，天不從人願，我考得並不理想，只能上第三志願的學校，當時心情可謂跌到谷底。正當需要家人安慰、鼓勵時，父母卻依原定計畫，強迫我在慶生會中穿上名校制服，在眾人的歡呼和歌聲中，慶祝十六歲的生日。

我完全開心不起來，甚至當場痛哭失聲，完全無法理解父母為何堅持要我穿上那套制服。是彌補遺憾嗎？還是藉此自我解嘲呢？在眾人的嬉笑聲中，我用無助的痛哭反擊，並在心中暗自發誓，永遠不再扮演父母眼中的乖小孩。

三年後的大學入學考試，我翻轉了局面，如願考上第一志願的明星大學。原本我可以走進椰林大道，在那個眾人夢寐以求的殿堂，歡慶我的勝利，迎接我的新生。但為了不讓父母稱心如意，我決定在志願卡上動手腳，讓自己未來四年的落點離他們遠遠的，也讓自己的成就，不再輕易被他們拿去向外人炫耀、說嘴。

看著父母的失落，我的內心充滿報復的快感，為了徹徹底底跟過去的「乖小孩」告別，最近我也開始學抽菸。

我雖然還不清楚未來想成為怎樣的人，但非常肯定的是，我絕對不要成為父母期待的那種人。

閱讀他的文章，感受著他決絕的態度，我在燈下喟然嘆息，也不禁對他父母當初的心思覺得不寒而慄。

我在必昇的文章背面，寫下這樣的回饋：

你不再滿足父母的期待，決定好好做自己，可回頭想想，一直用力對抗他們的期待，是否也還是被他們控制了呢？

關於「做自己」這件事，你可以再深入思考。

我想，必昇的父母從來沒料到，自己對孩子的期待，竟會變成他可能要窮盡一生去對抗的怪物。

當「滿足期待」成了父母認定孩子是否為「乖」的標準時，親子間的互動與對待，將變得多麼扭曲、失控。

成為孩子心中，最溫暖的陪伴者

孩子的生命是父母所賦予的，然而，他終究是個獨立的生命體。孩子的人生劇本會如何寫就、劇情如何發展，實非父母單方面的期待所能掌控。

與其讓教養淪為掌控，不如靈活地發揮教養的功能，成為孩子在橫越一次次成長難關時的助力：

- **請好好觀察孩子在每個成長階段中的真實需求，因為那正是你可以出手之處，也是你在扮演「父母」的角色上能夠盡力的地方。**

當孩子發現你總會在他成長卡關的重要時刻適時現身，並拉他一把時，即便你不是完美的救援者，但在他的心中也會是最溫暖的陪伴者。

實質的陪伴，才是身為家長的我們送給孩子受用一生的禮物。

如何把對孩子的期待，變成親子一同成長的動能？

孩子來到世界，不是為了滿足父母的期待

【別讓期待變成傷害】

如何把對孩子的期待變成親子一同成長的動能，而非相互折磨的心結？

● 利用與孩子互動、對話的時機，表達你對他的期待，不要悶在心裡，當成祕密任務執行。切記，不要帶著「頒布聖旨」的態度和語氣。應該開誠布公地進行表達，讓孩子有機會可以與我們搭上線，而非彼此處於平行時空。

● 對孩子表達期待之後，接著就必須有為這份期待「負責」的心理準備。孩子不是為了滿足父母的期待而來到這個世界。所以，如果你對他有期待，除了讓他知道，也應該想想可以提供什麼協助。

● 期待與現實之間存在著距離，而且有時非常遙遠。此時，千萬不要緊抓著期待不放，讓自己墜入失望或憤怒的深淵。而是應該正視孩子的現狀或問題，跟他一起討論解決方案。在前往目的地的路上，困境不是只為了帶給我們挫敗，而是同時為我們製造了可以停下腳步，彼此聆聽、理解，調整之後再出發的機會。

◇◇◇◇◇◇◇◇◇◇◇◇◇◇◇◇◇◇◇◇

孩子需要清楚地接收到訊息

兩個孩子念小學時，太太與我在讀經班擔任志工，並陪伴他們去那兒薰習古代聖哲流傳下來的經典。但是一段時間之後，看看兩人在生活常規、言行舉止上的表現，似乎和去之前沒有兩樣，有時便覺得心灰意懶，甚至開始質疑自己是不是哪個環節沒做好。

小孩子需要家長較多的陪伴與引導，父母有所期待是理所當然的。但仔細思考：

● **孩子明白我們的期待嗎？**

我們從未明說，他們也就只能被動地跟隨，至於能不能滿足父母內心的期待則難說。

於是我心想：

● **既然有所期待，我何不好好跟孩子們說清楚？**

趁著聊天、放鬆的片刻，我問兄妹倆：「你們還記得《常禮舉要》第一條的內容嗎？」

他們不假思索地答：「為人子不晏起，衣被自己整理，晨昏必定省。」

我說：「真棒，你們背得好熟！可是，爸爸發現每天早上你們趕著去上學，床鋪都沒整理耶，怎麼辦？」

孩子們有點不好意思，我接著說：「就從明天開始好嗎？這種小事，我們一起練習說到做到，不用再讓大人操心。」

隔天早晨當他們出門上學後，我進臥室探看，棉被果然都疊好了，枕頭也排得很妥貼。我才發現，他們不是無法達到我們的期待，只是需要清楚地接收到訊息。

當天晚上，女兒特別把我叫到臥房，問我覺得她的棉被疊得整不整齊。我給了一個「讚」的手勢，希望她記得這個成長的認證，並且持續保持下去。

這次的經驗讓我深切地體認到：

● **期待不能「放在心裡口不開」。要讓孩子理解與明白，他們才有可能化被動為主動，在成長的路上也擔負起自己的責任。**

若期待沒有建立在親子的相互溝通與理解上，彼此互不相知，那麼它就會變成一把磨得發亮的尺，專門用來衡量對方的所作所為是否合乎自己的標準。久而久之，這把尺就會變成一把刀，不但把對方刺得鮮血淋漓，也會把自己弄得遍體鱗傷。

父母有陪伴和引導孩子的責任

父母在對孩子有所期待的同時，也必須意識到自己有陪伴與引導的責任，如果只是抱著期待，而把責任丟給孩子或他人（如：學校、安親班），往往會換來失望，而失望又會驅動指責，到頭來親子雙方皆傷，俱成輸家。

讓孩子上讀經班，自然是對於孩子的品德修養有相當高的期待。但有許多家長發現孩子年齡漸長之後，並沒有長成當初自己設想的模樣，進大學乃至入社會之後，兒時背的經典早都被拋到九霄雲外，不禁感嘆自己過去白忙一場。

其實，期待是必須負責的。對孩子有所期待，自己就得擔負相對的責任，不能期待他人一肩扛，自己卻只想收割。期待孩子品格端正、彬彬有禮，父母就得在生活及孩子的成長過程中，以言教和身教循循善誘，這樣才能形成家風，孩子未來的術德兼備才有可期。

如果只是期待，卻不想負責，只圖輕鬆，卻不想承擔，那麼期待終究只會是期待，無法成真。

生命總有自己的出路

若我們已對孩子清楚地表達期待，而且也願意善盡陪伴、引導之責，但孩子最終還是無法滿足我們的期待，該怎麼辦呢？

每個人都像一座冰山，即便是自己的孩子，我們恐怕也無法百分之百地了解他們隱藏在「水面下」的那些內在全貌是什麼。

有位友人對於孩子結交的朋友、打扮崇尚流行、言行舉止缺乏規矩而憂心不已。面對父母對自己的朋友有意見，這孩子有些沮喪又帶點憤怒地回道：「不好意思，讓你們失望了，我的朋友氣質不夠好。但如果依照你們的標準，我今後可能就沒朋友了。」

從這個例子可知，期待與現實之間是有差距的。面對孩子在現實中的狀況，我們在看待自己的期待時，必須保留一些彈性，這樣孩子的獨特性才有開展的空間，親子關係在面對變幻無常的世間時，也較能和諧、相安。

倘若只聚焦在自己的期待，而一味要求孩子必須滿足我們，忽視他的處境與想法，那麼，親子間的鴻溝與衝突就難以消弭、化解了。

這樣的答案，或許你不甚滿意。但我想說的是，你還是可以對孩子表達期待，不過切忌「無限上綱」，因為生命總有自己的出路，有時候留一條路給孩子走，彼此才能持續對話，並成為人生路上的親密夥伴。

對孩子「放手」，
絕不是放牛吃草，
反而是我們因為愛，
給孩子成長的空間。

你的擔心，是否限縮了孩子開展自己的機會？

不輕易評斷孩子的志願

◇◇◇◇◇◇◇◇◇◇◇◇◇◇◇◇◇◇◇◇◇◇◇◇

【對孩子有包容、有好奇，並給予祝福】

家族治療大師薩提爾（Virginia Satir）曾說：「人因相似而連結，因差異而成長」，這句話也適用於親子之間。當孩子選擇的志願與你原先對他的設想有所不同時，請先將這個情況視為彼此成長的機會，而非孩子惹你煩心。因為人若要成長，必經過磨鍊與挑戰。

請帶著這「三顆心」上路，去面對你所期待和孩子所選擇之間的差異：

- 包容心：

  接納孩子對於志願會有自己的想法，與家長的考量有所不同，將之視為正常。

- 好奇心：

  帶著好奇心去理解孩子在做選擇時，背後的動機與思維。

  這是一個深入了解孩子的好機會，記得別輕易評斷或否定，只要在他表達之後，說出你的想法或顧慮供他參考即可。

- 祝福心：

  在與孩子經過一番討論之後，請給他時間進行統整、思考與判斷，並試著交由他做最後的選擇。

  他可能仍然決定走自己的路，不依照你規劃的藍圖去過下階段的人生。但請尊重他的決定，並鼓勵他為自己的決定負責。

．以祝福取代批判或指責，能讓孩子在未來走到另一個抉擇的十字路口時，願意持續與你連結、對話。

孩子的志願，是出於他的意願

「我的志願」是許多人在求學過程中，常見的作文題目。年紀還小時，不管我們寫什麼，父母大多不會太在意。然而進入青春期後，這卻成了容易引起親子關係緊張的議題，原因就在於孩子表達的志向，與父母的期待或觀點有落差。若眼見孩子的未來漸漸朝向一個意料之外的方向發展，身為父母的你，會如何接招呢？

在大學任教，長期接觸剛上大一的新鮮人，我就常在他們的文章中，看到他們因志向與父母的期待或觀點不同，而發生爭執或衝突。

就讀人文科系的學生，最常被父母質疑的地方就是：「未來的就業市場小，會找不到工作，可能會餓死。」

體育系的學生也表示爸媽常對他們說：「這個領域未來沒前途，環境也不友善，當成興趣就好，沒必要視為一項專業。」

可以理解，家長的這些反應多來自於對孩子未來的擔心。但倘若在孩子準備振翅翱翔之際，就在他的天空裡劃設範圍與界線，是否會限縮他開展自己的機會？

對孩子的選擇，我選擇「不評斷」

兒子念國三時，便已針對高中的類組抉擇，不時與我展開討論。由於對網路遊戲的熱愛，他矢志將來成為一名程式設計師，因此第二類組成了不二選擇。

身為家長，對於孩子確立志願的動機雖然不甚認同，但我選擇先不評斷。

隔了一段時日，當孩子在學習的歷程中，不斷在數理學科上受挫，且打擊到學習的士氣，我才找到可以和他在「志願」上對話的空間。

我問他：「每次聽你提到學習上的成就感時，都是和人文領域的學科有關。你真的確定將來要選擇第二類組嗎？」

他回道：「對啊！雖然我在人文學科上的表現比較突出，但這個領域未來很難找工作，我覺得應該要實際一點，先顧好『麵包』才對。」

針對孩子的觀點，我提出了他可能沒有考慮到的部分：「你說得沒錯，人文領域未來要求職，可能相對比較困難。但是，你也必須顧慮自己的興趣和專長，因為這會影響你能否展現競爭優勢，以及爭取較多學習資源的機會。更重要的是投入自己的專長，學習的熱情才會源源不絕。」

兒子靜靜聽著，沒再多作回應。

我想讓他理解並思考的是：

- **能夠考量現實，很好，但也應該看見自己的強項與亮點，這樣在追夢的天空裡飛翔，才能平穩、持久。因為能夠滋養生命並感受到存在價值的地方，永遠都在那個能讓自己適性發揮，並獲得成就感的領域。**

後來，在一次不經意的閒聊中，兒子針對未來的志願有了新的見解：「我承認我的數理就是比較弱，再怎麼補救，效果還是有限。如果未來選擇第二類組，真的太辛苦，也會讓我失去很多機會。所以我應該會選第一類組，但會傾向法商領域，因為我覺得『麵包』還是很重要。」

我聽了不禁莞爾，心想這孩子的生存危機還真沉重啊，但依舊選擇「不評斷」，因為我深知，自我探索是一個永不止息的課題，調整與改變也都有可能持續地發生，因此無所謂「最終」的答案。

父母是孩子生命的「陪跑者」

回想年過四十的自己，都還在「做養家活口的工作」與「做感興趣的工作」之間抉擇，在「滿足別人的期待」和「追求自我的實現」之間擺盪。憑什麼看待孩子未來的志願時，就要求他一定得馬上給出皆大歡喜的「標準答案」呢？

作為孩子生命的「陪跑者」，父母能給的只是指引，而非為他決定要前往的地方。既然是指引，就只有參考價值，而不具拍板定案的效力。

我只希望當孩子往未來的那片天空振翅高飛時，能夠持續地專注且充滿熱情，毋須頻頻回首，只為給我一個交代。

你想解決問題，孩子卻曲解你的用心？

慢慢走，反而能夠快快到

【問題不是敵人，而是開啟親子對話的重要契機】

當親子共同面對問題時，為人父母由於關愛、擔心孩子，因此總會不假思索地想要快速處理問題，為孩子的成長排除障礙。然而，由於問題往往不單純只是「事」，更重要的是還牽涉到「人」，唯有「慢慢走」，才能幫助我們在嘗試解決問題時，碰觸到真正的核心。

在此整理並條列「慢慢走」的步驟，能讓你實際面對問題時，在思路和行動上都有可以掌握的準則：

- 當看到孩子有一個問題需要你介入處理時，別急著以自己單方面的理解就迅速出手，因為這不只是你的問題，也是孩子的問題。
你應該要先做的是：探詢孩子如何看待這個問題。並且透過表達，讓孩子明白你的擔憂和掛慮。
- 與孩子在這個過程中的對話，可以幫助你較全面地釐清問題（真／假／輕／重／虛／實……），避免個人過度地憂心忡忡，而採取了失焦的解決方式，最後反而是為求自己心安，而非協助孩子。
- 在親子相互理解的基礎上，對問題有更深入的認知之後，接著就是採取行動，嘗試排除障礙。但有時能立竿見影，成效非常顯著。有時，卻會發現狀況陷入膠著，無法點石成金。無論如何，都請你保持隨時修正的「彈性」，及願意透過這個歷程，再度深入理解孩子的「開放性」。

請記得：問題不是敵人，它是開啟親子溝通、對話的重要契機。

◇◇◇◇◇◇◇◇◇◇◇◇◇◇◇◇◇◇◇◇

急著想要解決問題的母親

在一場親職講座中，有位母親提到她和國小的兒子互動的狀況。她一直希望兒子在學校能夠主動、勇敢一點，但他在群體中始終處於被動、靜默的狀態，這讓她相當憂心。

校方為了教導禮節，規定學生在放學時，必須和老師、同學們互道再見才能離校，偏偏兒子在與人互動上有點畏縮、閉塞，對老師、同學久久開不了口。於是，每天下午她都得在校門口苦等兒子出來，內心滿是緊張、焦慮，甚至夾雜了憤怒。

她說：「他在家裡並不是這樣的，跟家人互動都很放鬆、自在，不知道為什麼去學校就變得內向、害羞。我們和老師都不斷鼓勵他，也試過各種方法，但好像都不管用。我真的很想解決這個問題，這孩子面對人群太過內向，真的很令人擔心。」

「在校門口等他的時候，除了擔心他、替他緊張之外，你焦慮和憤怒的原因是什麼？

這中間是否也夾雜了，在意別人如何看你和兒子的眼光，以及煩惱不知將被別人如何評斷？」我問。

她思考了一下，表示的確有。

我再問：「如果有這些東西攙雜其中，你覺得當你在『鼓勵』兒子要勇敢、主動的時候，他收到的會是什麼？」

她靜默片刻。

我繼續說：「我不是你的兒子，無法確知他從你的反應裡收到了什麼訊息。但我猜，他應該會感受到：媽媽對我又這麼晚走出校門很不開心，我沒有做到媽媽希望我做到的事，我不是媽媽心目中的好孩子。」

為什麼這個孩子可能會收到這些訊息呢？

因為母親關注的焦點，都在如何解決他總是無法準時放學回家的外在表現，而非他心裡的想法與感受。因此，即便媽媽自認為是在關心，但孩子從媽媽的表情和說話的語氣中，收到的卻是「你的表現讓我很不滿意」、「你又讓我失望了」等種種負面訊息。

當一個孩子剛走出校門，就必須面對這樣的失落感，他能主動、勇敢得起來嗎？

她想了一下，無奈地笑著說：「所以，我應該怎麼辦？我還是很想解決這個問題。」

在我的經驗中，多數家長都帶著親子間的問題前來，並對於問題能否透過聽講的過程被處理、解決，抱有高度的期待。這種想立刻解決問題的心情，相當務實，也無所謂對錯。不過，就我的觀察，親子之間的問題核心，大多在於能否相互理解，在解決問題時若未能觸碰到這個核心，問題通常還是會繼續存在。

我回道：「關鍵就在急著想要解決問題，而忽略了其實應該專注於關懷問題當中的『人』。如果你真的關心他、愛他，為什麼不對他說：『孩子，媽媽好愛你，好想在你放學的時候，趕快見到你，和你手牽手一起開開心心地回家。明天只要你勇敢地向老師、同學說再見，我們的美夢就可以成真了，好嗎？』」

媽媽笑了出來，因為她很少這樣跟孩子說話，但她表示願意試試看，因為她相信有她的愛在背後支持，在群體中缺乏安全感的兒子，或許會因此勇敢一點。

孩子根本沒接收到你的好意

從這位母親說「我真的很想解決這個問題」的表情裡，我真切看到了家長在親子溝通問題上的盲點，以及孩子作為被關懷的對象，其內在的匱缺和失落。

再換個角度想：

● **當你很「用力」地想要解決問題，孩子卻根本沒接收到你的好意，甚至曲解了你的用心，這樣是不是很冤枉呢？**

兒子念國三時，有一回段考成績不理想，心情有些低迷。見到孩子失落，太太的情緒也跟著沉重起來，不斷地苦思解決方案。

某日，兒子回到家，看到媽媽坐在他的書房裡，靜默不語，若有所思，就想用熱情的態度和輕鬆的語氣，化解近日母子之間因考試失利而造成的陰霾。

「哈囉！媽咪，我回來了！你今天還好嗎？你怎麼在我的書房？」

沒想到這個態度和語氣，卻被媽媽解讀為「不思反省和改進」，因而數落了幾句：「你怎麼還笑得出來？我會坐在這裡，就是因為在幫你的課業想辦法。你看到自己的成績都不會擔心嗎？竟然還可以嘻皮笑臉！」

滿腔熱情卻被澆了冷水的兒子心有不平，在睡前留了張字條，放在太太的漱口杯裡：

我當然很在意自己的成績，但我不想一直很沮喪。你不了解我就隨便批評，我很生氣！

太太看了，這才明白孩子其實並非不在意考試的結果，只是不想一直陷在「失敗」的泥淖中，而且也期待媽媽能夠給他支持、鼓勵，因此才在她面前「嘻皮笑臉」。沒想到，換來的卻是數落和指責，讓他非常傷心。

不過，她也發現兒子其實有所誤解，於是主動去找他說明，核對彼此的想法。

「媽媽誤會你了，先跟你說對不起。昨天我在你的書房，一臉不開心的樣子，不是對你的成績或排名生氣，而是很嚴肅地在思考如何幫助你突破學習的困境，內心有很多困惑和焦慮。大概是想得太投入，一時又找不到答案，心裡很煩躁，所以看到你好像一副無所謂的樣子，才會被惹火，隨口說出責備的話。

「現在我知道，其實我們都試著要解決同樣的問題，那麼就一起來想辦法，好嗎？」

這是親子「一起努力」的結果

親子雖然常相處在共同的情境裡，但彼此內心的感受或想法為何，其實多半互不相知，很難精準對焦。

如果只在意問題的解決，而忽略孩子內在正經歷什麼，即便很努力地排除了狀況，但是孩子理解的脈絡卻往往與我們所想的相去甚遠，想當然耳，溝通的成效自然也非常有限。除非有一方願意主動進行「真心話大冒險」，向另一方坦露真實的想法與感受，否則，最終我們可能只是在試著脫離自己內在的困境（焦慮、恐慌、煩躁、憤怒等），而根本沒有處理到與孩子共同面對的難題。

既然親子間的問題總是關乎於「人」，那麼，對於孩子的觀察和理解，便永遠得排在他出現的問題之前。

越能深度地理解孩子，就越能找出適合解決他的問題的方式，那不會是你一廂情願的路徑，而是你與他「共構」的結果。

然而，談到深度地理解孩子，總不免費時、費心又費力。既然急不得，我們就陪他慢慢走。

相信我，慢慢走，反而能夠快快到。

如何「放手」，讓孩子學會為自己負責？

放手，卻不流於放牛吃草

【孩子長大了，互動方式也應調整】

如何在親子關係中練習「放手」，讓孩子學會為自己負責？

● 必須深刻地認知到孩子已經長大，不再把眼前的孩子視為記憶裡那個「永遠的小小孩」。

- 利用聊天的時機，不要說教、不帶指責，好好地向孩子表達你對他的期待。
- 接納孩子在達標的路上，會經歷進進退退的過程。
- 看見孩子有些許進步時，不要吝於讚美。看見孩子退回「原形」，可以提醒，但不要急著替他承擔或善後。

父母內心的艱難拉鋸

隨著孩子慢慢長大，常聽到旁人說「該放手，讓孩子學會獨立了」。而看著孩子日漸抽長的身高，我們的確也有所警覺，「孩子的確不小了，怎麼還那麼幼稚、不懂事？是該練習放手，讓孩子學會為自己負責了。」「放手」一詞說來容易，然而要真正做到，又不流於「放牛吃草」，對於為人父母實在是一大挑戰。

以「挑戰」形容「放手」的不容易，一點都不浮誇，因為其中牽涉到親子間的互動與表達期待的方式，是否有隨著孩子年齡增長而調整。這個問題從表面看來不難處理，身為父母，卻得經歷一場內心的艱難拉鋸。

我不自覺地把女兒當成小小孩，她也就陷在那樣的互動模式裡

女兒國小三年級的時候，有一陣子，我和太太對於她早上賴床的習慣感到有點困擾，心想她都這麼大了，連這種小事還要讓人煩心，不覺便懊惱起來。

後來我發現，自己叫她起床的方法似乎也有影響。

「妹妹，早安！小松鼠來叫你起床上學嘍！」我撓她的胳肢窩、搔她的腳底板，還進行角色扮演。只見她翻身繼續睡覺，絲毫不為所動，我便即席編了一個故事：「咕咕咕！森林的小動物們都起床準備去上學了，只有小兔子還呼呼大睡……」她不僅沒有起床的意思，還用力把我推開，大叫著：「走開啦！」

明明心想「她都這麼大了」，我仍不自覺地習慣以對小小孩的口吻待她，卻對她起床上學一事造成了障礙。

在女兒小時候非常管用的這個起床招數，現下不但完全失靈，反而推她躲入被窩深處。她全然不認為起床上學是自己的事，甚至覺得爸媽是在找碴。結果就是孩子無法自立，我也無法放手。

眼看要載她出門上學的太太急得像熱鍋上的螞蟻，催促的音調也越來越高亢，但她卻無關痛癢，我這才驚覺親子互動的方式有問題，應該停頓一下並做調整。

我不自覺地把女兒當成小小孩，而她也就陷在那樣的互動模式裡，並且打從心底認為父母是永遠的「安全網」，無論如何都會接住從高空落下的她，不會有任何閃失。

從這個經驗裡，我深刻地體認到：

- **必須讓女兒學習為自己負責，我才有「放手」的可能，也才有省心的那一天。**

隨著孩子長大，
我們應對的方式也必須同步轉化

於是，我開始練習轉變與女兒互動的方式。有天在一個彼此對話還算愉快的時刻，我藉機對她說：「妹妹，你已經國小三年級，很多事情都可以自己完成了，很不賴！唯獨早上起床這件事，讓爸爸媽媽覺得有點傷腦筋，也讓每天上學的氣氛變得好緊張。」

她有點不好意思地回：「人家就很想睡嘛！」

我繼續表達我的想法：「爸爸不想看到媽媽每天早上都因為叫你起床而發脾氣，我相信你也不想。從明天開始，爸爸還是會叫你起床，但只叫一次，我相信你一定可以做得到，跟哥哥一樣把自己打理好。」

隔天早上，一切按照約定進行，我直接叫女兒起床，不再泡蘑菇：「妹妹，上學時間到了，快點起床準備。我等一下也要出門了，你別讓媽媽等喔！」

話說完，我便逕自去處理自己的事，全然相信她可以在起床這件事上「獨立作業」。果不其然，哥哥下樓穿鞋的時候，她也睡眼惺忪地慢慢走下樓。

轉變的第一天，整體速度並未比我先前「全程監督」要快，但起碼沒有聽到太太尖銳的催促聲了。

這是個美好的早晨與開始，這樣的氛圍得讓它成為「常態」。而我知道祕訣就在於：

- **認知到孩子已經長大，應對的方式也必須同步轉化。**
- **對孩子表達期待時，必須清楚、溫柔而堅定，「放手」才有可能逐漸在現實生活中發生。**

有天，太太對我說：「有時候真的很生氣，妹妹都已經這麼大了，為什麼像吃完飯後要洗碗、書包要放到書房的櫃子而不是擺在客廳沙發上……這類的小事都做不到？」

我說：「你有把你的期待好好告訴過女兒嗎？如果沒有，她怎麼會『自然而然』就達到你的期待呢？

「如果只把期待放在心裡，單方面用來衡量孩子眼前的行為，只會引發自己的不悅，而最後她也只會帶著委屈，接收到大人的怒氣而已，永遠學不會對自己負責。這樣長期下來，對你們的母女關係不是很傷嗎？」

我們放手，是為孩子指出成長「進階」的階梯

「放手」絕對不是因為失望而放牛吃草，反而是因為愛，為孩子指出成長「進階」的階梯級。在看著孩子躑躅向上時，我們需要有一點冒險的勇氣，也需要耐心地等待，其間內在的煎熬是難以言喻的。

所以，誰說「放手」容易呢？

一番用心良苦，卻被孩子嫌棄？

「探問」和「分享」是開啟相互理解的鑰匙

【讓孩子理解教養背後的善意】

在教養孩子、扮演「父母」這個角色的過程中，為了快速解決問題並獲得效益，我們會透過言說或行動，對孩子設下許多規定。如何讓這些規定發揮正向功能，而非變成經營親子關係的障礙？在此提供一個小撇步：

● 不要把「我是為你好」作為規定孩子的唯一理由。應當試讓孩子理解你背後的「善意」，這樣才能讓親子關係與愛連結。

例如規定孩子在幾點之前必須回家，他難免感覺被控制、約束。但你可以用自己過去的經驗，或生活周遭發生的事件，與他分享之所以這麼做的原因和心情，讓孩子從你的表達裡，感受到你的關心或擔慮。

一看到小孩，就「使命感」上身

在一次親職講座中與家長們互動時，有位爸爸提到了他的成長歷程——

我從小在一個家教嚴謹的家庭中成長。由於父母都是虔誠的佛教徒，相當講究自律、品德，所以從我有記憶以來，言行舉止就必須端端正正，否則會被嚴厲斥責。

然而，小孩天生好動，加上懵懂無知，怎麼可能事事都符合規矩，像個道貌岸然的修行人？因此在經常被父母厲聲指責、糾正之下，我內心開始對他們不滿，也對他們的管教方式產生抗拒。

長大之後，由於不再像小時候逆來順受，開始展現叛逆的個性，所以只要父母對我有所規定，我一定不假思索，與他們的規定背道而馳。這樣的結果當然惹得父母相當不悅，也引爆許多衝突和對立，但面對已經長大的我，他們也無能為力了。

後來遇見我太太，覺得她很開朗、很自由，跟我很不一樣，或許正因為如此，對我特別有吸引力。經過一段時間的交往，我發現原來她們家的風格就像她所展現的特質，與她的家人互動時，有時不禁令我羨慕：「要是我從小在這樣的家庭長大該有多好啊！」

當時我想著，如果是在一個開放、自由的家庭中長大，或許我就不會像現在這麼壓抑、拘謹，缺乏活力和創造力。

我太太與她原生家庭的氛圍給我很多啟發及憧憬，所以我後來選擇她成為伴侶。我在她身上看到自己在原生家庭中匱乏的那部分，而這也影響了之後我對孩子的教養方式。我會不斷地告訴自己，絕對不要變成像我父母那樣。

在這個故事中，你看到了什麼呢？

身為父母，重視孩子的品德，對孩子的起心動念、言行舉止要求嚴格，難道錯了嗎？這樣的立意當然無庸置疑，但問題就出在只以「父母的角色」與孩子互動，一看到小孩就馬上「使命感上身」，一味督促他端正身心，而忘了孩子其實是平凡人，也有懶怠或做不到的時候。

如果跟孩子互動時未顧及人性，教養很容易就變得僵化而失去彈性。孩子身為一個獨立的個體，長期處於不被理解的狀況下，自然會想逃跑或反抗，只待時機成熟而已。

孩子不明就裡，自然無法理解父母用心良苦

其實父母之所以有某種教養的原則，背後曾經走過一段非常「人性」的道路。只是那段歷程，孩子看不見，所以往往無法理解。

在當天的講座中，還有位媽媽提及母親在她小時候，規定她每天都必須閱讀三則社會新聞。她始終不理解為何母親要這麼做，只在這個過程中，不斷地感受到社會的黑暗與險惡。

後來自己為人母，這段成長的經驗竟深深影響她對孩子的教養。當她看見孩子在陌生的團體中積極融入時，內心就會生起莫名的恐懼，深怕那些不懷好意的人們將對孩子造成傷害；但非常糾結的是，又很希望孩子可以融入人群。

在她接續回溯自己的成長歷程時，意外透露父親有多次婚外情的紀錄，對家庭非常不負責，這讓母親非常辛苦，也讓母親對婚姻有嚴重的不安全感。

我問她：「你覺得這和母親不斷讓小時候的你讀社會新聞有關嗎？她想要透過這個規定告訴你什麼？」

她停頓了一下，眼眶閃著淚光。

「媽媽會這麼做，應該是想告訴我這個社會不安全，很多人都不能輕信，希望我提高警覺，要好好保護自己。」

我問：「你有看到她在做這件事情時，背後的恐懼和不安全感嗎？」見她點點頭，我繼續問：「你現在說出來，感覺如何？」

她說：「很想謝謝媽媽！」

最後我對她說：「雖然你深受母親影響，但必須分辨清楚，你跟她並不一樣。她和你的關係，與你跟孩子的關係，是兩條不同的線，不可以纏繞在一起。當你可以把這兩條線梳理開的時候，我想，你就比較容易能在『保護孩子』和『希望孩子融入群體』之間找到平衡點，而非讓兩者陷於矛盾、對立。」

回到一開始的故事，如果那位爸爸對於他的父母能有更多「人性」上的理解，或許將會大幅扭轉他從小對於父母的觀感，也會拉近親子之間的距離。

不過，這對小時候的他而言是「不可能的任務」，除非父母願意話說從頭，向他說明他們的信仰之所以如此堅定，而且必須傳承給他的原因。

但通常父母都會直接命令孩子遵守規定，省略這段耗時又麻煩的溝通，因為回溯原因往往過於複雜，且可能涉及「不願自己的黑歷史在孩子身上重演」的擔心、恐懼、焦慮等情緒。為了避免孩子誤解或無法理解，就直接下令較為省事。

然而，孩子在不明就裡之下，也就只能從這個單一視角看待父母，無法獲得窺探父母心路歷程的機會。

長期處在「發號施令」與「服從命令」的角色框架裡，這樣的親子關係能不走上疏離之路嗎？

「規定」缺乏彈性，「指引」則保留了彈性

「規定」與「命令」是屬於同一陣營的，不但缺乏彈性，忽略了生活情境的變化萬

端，也可能對孩子的成長造成負面影響。因此，把「規定」轉化為「指引」，是我們在拿捏分寸時可以參考的依據。

比如：身為虔誠佛教徒的父母，可以把信仰的美好價值輸入教養小孩的過程，但不宜用「修行人」的標準看待孩子的表現，讓孩子承受過多壓力；因丈夫外遇而婚姻破裂的母親，可以提醒女兒社會環境複雜、人心多變難測，但不宜強制規定每天必須閱讀社會新聞，以致孩子對社會、人群產生過多的不信任與恐懼。

看到這裡，可以分辨「規定」與「指引」的差別嗎？

- **「規定」缺乏彈性，阻絕了理解與溝通。**
- **「指引」保留了彈性，對理解與溝通保持開放。**

回到自己目前所處的情境，你會選擇如何看待自己與父母，還有跟孩子的關係呢？誠摯建議你在適合的時機，主動透過探問，和父母聊聊「為什麼他們在教養小孩的過程中，特別堅持某項原則」。或者在和孩子對話的時候，主動分享「你之所以在教養上特別重視某項原則」的理由。

「探問」和「分享」是開啟相互理解的鑰匙，它會帶入生命經驗與故事，讓親子有更多機會在「人性」上相遇，而非總是戴著「角色」的面具看待彼此。

你會發現，越能夠人性地看待家人，彼此的連結就越能因理解而更緊密，這正是讓親子關係增溫的一帖催化劑。

我們在內心按下溫柔和愛的按鈕，
也會觸動孩子願意敞開自己，表達真實的感受，
讓親子彼此支持、滋養，一起成長。

你習慣表達愛？還是懲罰？

孩子身上帶著父母安裝的「警報器」

【家對人的影響，遠遠超乎你的想像】

身為父母，你的所思所想、一言一行，對孩子都有十足且深遠的影響力。薩提爾提醒我們，可以在四個面向著力，讓這股影響力朝正向發展，協助孩子自尊、自重，且活得更有生命力。

● 留意你平常習慣如何運用肢體和孩子互動：

是用來表達愛？

或是用來懲罰？

還是用來威嚇？

切記，你對孩子的每一個動作，他都會有自己的解讀，並可能銘記終生。

● 留意你平常面對孩子的表情和眼神，是否與內心的感受一致：

父母內在與外在的不一致（如：心裡痛苦、悲傷，外在卻裝作若無其事），孩子有時觀察得出來。這會對他帶來困惑，進而產生種種猜測，把父母親的「不一致」，與自己連結在一起。

● 澄清你和孩子之間想法的差距：

有時你的某些言行舉止、情緒反應，與孩子並不相干，應主動對孩子澄清，以免他認為自己是「罪魁禍首」。

● 讓孩子能在無恐懼的情況下，表達他所擔心的事：鼓勵孩子發問，也回應你的感受或想法，別用「囡仔人有耳無喙」（「小孩子別亂開口」）的觀念或態度對待他。

孤單的男孩，體內住著老靈魂

智凱從大一開學以來始終鬱鬱寡歡，上課時安靜地坐在教室角落，低頭不語。直到偶然的一次課後深入對談，我才終於了解他不快樂的原因。

智凱的父母在他國小五年級時離異了。親眼目睹母親離家，讓他從小就渴望母愛，但由於父親嚴禁他和姊姊與母親來往，所以只能強自壓抑這份渴望。

偏偏就在家中遭逢劇變的時刻，父親的事業也面臨挫敗。智凱每天回到家，總有「山雨欲來風滿樓」的不安全感，因為父親會把內在的沮喪與憤怒，用情緒性的話語發洩在他們姊弟身上，造成他一看到父親就想逃跑，只想要躲到自己的小世界裡避難。

然而，父親將希望寄託在他這個兒子身上，不但對他的學業成績多所要求，並常常告誡他現實社會的陰險與黑暗，期待他有危機感，不要過於天真、樂觀。「你是家中唯一的男孩，自我要求不要那麼低，別那麼容易滿足，以後出社會才有競爭力。」「不要輕易相信別人，否則就會像我一樣被騙，辛苦打拚的事業在一夕之間全毀了。這個社會的人心很險惡啊！」……諸如此類的言論時常在他耳邊迴盪。

為了在這樣的家中求生存，他勉力滿足父親的期望。當同齡孩子在歡度無憂的童年時，他每天放學後，只在家和補習班這兩處之間移動。唯一的娛樂是線上遊戲，只有在虛擬的世界裡，他才能感到稍稍放鬆。

但是進入青春期後，他對於父親的種種言行和要求開始產生反抗，不再像童年那般順從。父子之間的衝突漸多，家變成一個他極度厭倦、且急欲逃離的地方。

有一回，補習班下課的時間晚了，父親見他遲歸，竟厲聲質疑他私下去見離家的母親。「這麼晚了你去哪裡？是不是去找那個不負責任的女人？你不要以為我不知道喔！以後我不准你跟她碰面，你聽到沒有？」

回想起父親的質疑，他既憤怒又委屈地哭著對我說：「我從小那麼努力地在滿足他的期待，可是他卻這樣懷疑我，真的讓人好難過。如果我真的是去跟媽媽見面，那又怎樣，不行嗎？他憑什麼管我！」

上大學之後，他如願離開了家，在與父親保持安全距離之下，生活不再有那麼多對立與衝突。然而，過去在家中所薰染的對於人際互動的不信任感，及長期累積對於未來的危機感，總讓他覺得與同學們格格不入。

他說：「我無法理解他們在high什麼，總覺得他們像小孩一樣膚淺，對於未來的艱難完全無知。原本我以為上大學以後，生活會跟以前完全不同，但我發現自己還是一樣無法融入人群，而且情況比以前更嚴重。」

把受用的東西留著，把不適合的框架卸下

端詳著眼前這個體內住著老靈魂的孤單男孩，我問他：「你渴望融入群體，並且和大家一樣快樂，是嗎？」

他點了點頭。

我說：「可是，你有發現你把門檻拉得好高，讓自己出不去，也讓別人進不來嗎？」

智凱疑惑地看著我。

我繼續說：「過往的成長經驗，特別是與家人的互動關係，讓你深刻感受到不信任、不安全、衝突、壓力……這些都是你現在恨不得想擺脫的。但仔細瞧瞧，卻也是你一直以來已經習慣帶在身上的。過去你還是個小孩，只能被迫接受，但現在你覺察到它不太適合自己了，就是調整、改變的好時機。」

他困惑地問：「那麼我應該怎麼做呢？」

我回答：「如果你有融入人群的渴望，就必須意識到每個人都是不同的，沒有人跟你一模一樣，別人也沒有義務必須理解我們。所以，你可以有時候關掉爸爸在你身上安裝的『警報器』，帶著好奇的心去接觸人群，而不是防備或對抗嗎？」

他想了一下，表示有點困難，因為他無法讓自己變得像大家一樣「幼稚」，但允許自己可以關掉內在不斷鳴叫的「警報器」。

「智凱，這個『警報器』的安裝，來自於你爸爸和媽媽不穩定的感情與婚姻，也來自於爸爸因為事業失敗而對社會環境和人群的評價。爸爸感受到嚴重的危機，所以也把危機感傳遞給你，而你在這樣的『警報』聲中長大，的確有某部分受惠（如：戰戰兢兢地考上大學），但也在某部分受到了限制（如：對人際關係缺乏信任和安全感）。」

看著智凱若有所思的樣子，我繼續說：「現在你已經漸漸成熟、獨立，不再是個小孩了。把受用的東西留著，把不適合的框架卸下，這是你可以做的選擇。」

我不自覺地吸收了父親的悲觀

回想自己的成長過程，父親似乎也曾在我身上安裝「警報器」。

他來自貧困的家庭，少年時期就必須幫忙撐持家計，因此很早就體驗到世態炎涼、人情冷暖。加上我的祖父早逝，父親身為長子，責任更重，面對他的母親和未成年的弟妹們，他必須在各方面快速壯大，才能成為家庭的支柱。

正因為這樣的成長背景，我發現父親很難放鬆、快樂，而且性格當中隱隱夾帶著悲觀的傾向。他雖然不曾對我訴說自己的經歷，但我卻可以從他每張照片裡始終嚴肅的表情，及獨自坐在桌邊記帳、檢視每日收支的背影，感受到他強烈的生存危機。

他非常注重我的學業成績，因為家境而無法好好受教育的他，深信學歷能助人翻身。所以從上學以後，我早早就感受到不能輕易鬆懈，必須兢兢業業。而在與他互動的過程裡，我也不自覺地吸收了他性格裡的悲觀，認定「必須把最壞的狀況想在前頭」，才能在每一個無預警的難關中全身而退。

我是透過後來不斷的學習，才覺察到自己性格裡的拘謹、悲觀與父親有深刻的連結，也持續自我提醒，「父親的生存危機早已解除，我不必一直背在身上」，以此拆除那枚傳承的「警報器」。

不過，那股影響力似乎已經入骨徹髓而成為慣性，我發現放鬆、樂觀的生活態度或作為，有時竟會引發內在的自我批判，進而不自覺地抗拒它們成為豐富生命的新因子。

窮盡一生，我們都要修習的功課

看著智凱為原生家庭的影響所苦，我彷彿也在他身上看見自己的影子。

雖然在對談中，我可以很理智地為他指出他和家庭、父親之間的界線，提示他正視自己目前的需求，嘗試改變並做出新的選擇。但我深知，那非常不容易，可能必須窮盡一生才能將這門功課的學分修完。

在帶領親子關係工作坊時，曾有學員提出質疑：「家庭對人的影響，真的有那麼強烈和深遠嗎？」

透過智凱的故事及我自身的經歷，我得到的結論是：家對人的影響，遠遠超乎你的想像！

你是否曾好好地注視你的孩子？

正因有裂縫，愛的光芒才有了穿透的空間

【同理和寬容，將帶來釋懷與平靜】

薩提爾在闡述她的治療信念時，曾說道：「接納父母也是人，並且在人的層次上，而非只是在角色的層次上與他們交會。」

在「人」的層次上與家人交會，會帶來什麼好處呢？

- 同理：角色通常有種神聖的光環。卸除角色而回到「人」的層次，會讓你更能同理對方，因為我們彼此雖然不同，但在人的脆弱和侷限上，卻能相互感通。
- 寬容：同理心會進一步帶來寬容，並拓展你看待家人的觀點和角度，而不會只是在對方有沒有把角色扮演好的問題上鑽牛角尖。
- 釋懷：看待家人的觀點和角度拓寬了，能幫助你真實地接納對方無法把角色扮演好的原因，重新決定是否要對他有所期待，並調整與他互動的方式。
- 平靜：當你不再把期待完全寄託在對方身上，而能找回與人互動、連結的主導權，內在及外在就能趨向平靜。因為你已經徹底放下拚命想改變對方，依賴對方來滿足需求的執念。

練習從「人」的角度，看待家人

你是否曾經好好凝視自己的家人，暫時放下、或忘掉他們的「角色」（如：父親、母親、兒子、女兒……），而只是純粹地把他們視為一個「人」來看待呢？

或許你會疑惑：這有什麼差別嗎？

這是因為：

- **如果眼裡只有「角色」，就會不自覺地將自己的許多「期待」，投射在那個家人身上，而對方在現實中若無法滿足這份「期待」，我們就容易陷入憤怒、失望、悲傷等種種的負面情緒中。這些負面情緒的烏雲罩頂，讓人很難體驗到愛。**

去掉角色後，
就不知道如何互動及對話？

一回，在親子關係工作坊中，女學員小莉在講師的引導下，對著扮演她「母親」的另一名學員，將多年來內心累積的憤怒、悲傷毫無保留地傾洩而出。

令她憤怒、悲傷的緣由，在於母親長期以來重男輕女，總是用輕視或貶抑的話語對待小莉，而且將夫妻關係中的齟齬、不睦歸咎於身為女兒的她。她對母親厭惡至極，甚至在結婚之後，不想再回娘家。

小莉敘述著這些過往及與母親之間的關係時，悲傷的淚水夾帶著火山爆發般的怒氣，衝擊著在場的每個人。

然而，當講師請她轉換視角，用「人」的角度去看待媽媽，並取下掛在角色扮演者身上標示著「母親」的名牌時，我發現她頓時平靜了下來。

講師請她閉上眼睛、深呼吸，接著問她：「現在感覺如何？」

她回答：「雖然還是不喜歡媽媽，但感覺比較不那麼氣了。」

講師說：「是啊，因為她只是一個普通人，一個無法滿足你的期待的老太太。你要選擇繼續在這份期待中掙扎、受苦，還是選擇放下期待，讓自己自由呢？」

現場一片靜默，大家若有所思。

對待家人，不看他們的角色、放下過多的期待，說實話，真的很難。有時甚至會發現去掉對方的角色後，就不知道如何跟他們互動、對話了。

回想成長的過程，我鮮少和父親有像朋友般坐著聊天、對談的經驗，即便兩人輕鬆地坐在客廳看電視，也很難有什麼可以互動、交流的話題。

我想，正是因為父親在他的成長過程中，缺少與他的父親天南地北閒聊的經驗，所以面對我的時候，他就只能在一直以來所認知的「父子」角色框架裡跟我互動。而偏偏這個框架在他過去的成長經驗中，就是一種「上對下」的關係，因此若要他在我面前放下父親的威嚴，像朋友一樣與我互動，就會讓他不知所措。

正因如此，在我的印象裡，父親給人的感覺是嚴肅、有距離的。小時候，我看到他就會自動立正站好。若要我不看他的角色（父親），只視他為一個「人」，說實話，我在互動上也會陷入左支右絀的窘況。

每個人都有他的侷限和困境

由此可知，「角色」具有「定位」的作用，可讓人看見彼此之間進行互動時，各自站在哪個位置與立場。不過，由於它也同時承載著許多責任與義務，因此掛牌主演的人，總被期待必須到位。

可惜，世間總是充滿各種缺陷和遺憾，無法稱職扮演角色的人比比皆是。若是對方的角色詮釋不在自己的理想劇本裡，那麼是不是就要趕他下台，找人頂替呢？

在舞台上，臨時換角是可行的，但在現實人生裡，這卻是條死路。尤其親情血緣，無法切割，即便是悲劇，父母子女的角色依舊無可取代。

因此，練習回到「人」的角度看待家人，我想是要這麼做：

● **時常提醒自己，對方總有他的侷限、困境，無法凡事盡如我意。一旦有此覺察，才不會反覆在對方的「失能」之處鑽牛角尖，而能真實地接納，並維持親情的基本溫度。**

前面例子中的小莉之所以能在講師的引導下，從對母親極憤怒的情緒中抽離，回復平靜與安定，關鍵就在於小莉能在那個歷程中，覺察到自己對母親的糾結，來自於對她所扮演的「母親」角色有非常高的期待，期待她慈愛、寬容、對待兒女一視同仁。可偏偏母親就是無法滿足這份期待。

倘若小莉持續緊緊地抓住這份期待不肯放手，對母親的不滿、怨懟、憤怒將與日俱增，最後母女關係可能就會走上決裂。

而講師把「母親」角色扮演者身上的名牌取下，意在提醒小莉：

● **她的母親除了是她所看到的這個角色之外，其實也是個再平凡不過的人。**

世上的人或多或少都有缺陷，都不完美，如果小莉一直要戴著「完美母親」的有色眼鏡看待母親的一切，那麼，母親就永遠會是那個讓她失望透頂，甚至厭惡至極的「不及格媽媽」。

無法放下心中對於「完美母親」的期待，多半由於自己的內在仍從小時候的視角仰望母親，期待被她所愛。然而，現在自己已經長大成人，許多內在的渴求不再需要全盤仰賴母親來滿足。

若能看見彼此在身為「人」上的對等關係，就比較能放下對她的角色（母親）的種種期待，不再煎熬於「她的失職造成我的不幸」，而能逐步找到彼此之間在互動上最舒坦的位置。

卸下角色，我們都一樣不完美

練習從「人」的角度看待家人，可為拉近彼此之間的距離製造機會。因為眼中若只有對方的「角色」，就像戴了一副有色眼鏡看待對方，總隔著不真實的色彩，由於視線不清、沒有安全感，就不敢或者不想再往前靠近一步。

但若摘下有色眼鏡，去看見對方的真實，也就能確認他所站立的位置，抹去心中過多不必要的猜疑或恐懼，可以在適當時機，允許自己向對方靠近。

所以，不要再費心尋找一百分的爸爸、媽媽、兒子、女兒、兄弟姊妹了。卸下角色，大家都一樣不完美。

雖說這個不完美可能是親情的一道裂縫，但是也正因有裂縫，愛的光芒才有了穿透的空間。

孩子和我們，怎麼距離越來越遠？

為家人和自己創造一段「魔術時光」

【練習對每位家人微笑著說早安】

如何改變家庭疏離的氛圍，為親子關係增添幸福的元素？

● 首先，你要懂得照顧自己。

· 每天撥時間（長短不拘）做自己喜歡（或感興趣）的事。

· 先讓自己的生活有幸福感，才有能量傳遞幸福給家人。

● 家庭疏離的氛圍，大多來自家人相處的某種慣性（如：不習慣主動關心對方）。

· 不需要刻意打破這個慣性，只需要嘗試「增添」一點新元素即可。

· 比如早上起床時，家人通常都忙著盥洗、整裝、準備出門，但今天你決定在見到每一個家人時，微笑著道早安。

● 想與家人親近，增進彼此的理解，「對話」是不可或缺的方式。

· 不要把「對話」想得太高深、艱難，尊奉為一門藝術，那只會讓你望而卻步。

· 如果情境適合，請記得善用「天氣報告」這個工具（見第一六八頁），它可以輕鬆開啟家人間的閒聊，也可以幫助你探知家人的生活小細節或心情。

你家也是「閱兵場」嗎？

某回在親子關係工作坊結束後，和一位阿嬤級學員聊天，她感嘆地說：「以前年輕時忙著工作賺錢，跟小孩相處的時間不多，家人在生活中常常都是各走各的路，即使住在一起，一天也講不到幾句話，久而久之，我和兒子也變得疏遠了。他從小就不太對我說他的事，除非我問才會講幾句。他婚後沒跟我們住，見面的機會更少了，難得碰面時還是講不到幾句話。」

「所以，你覺得愧疚嗎？」我問她。

她說：「有一點。但也沒辦法，當時每天忙得團團轉，實在沒太多時間陪小孩。現在他也有了自己的孩子，應該會體諒我們當時的處境吧！」

在講求速度和效率的時代，「忙碌」幾乎是每個現代人的日常，而當這樣的狀態被帶入家庭裡，的確就像這位媽媽所說，家人雖然同住在一個屋簷下，卻各有各的行進軌道。這樣的家庭圖像，薩提爾以「閱兵場」來形容。意即家庭成員間常可見彼此在家中來去、流動，但鮮少有交集，以致每個人都好像站在台上的司令官，看著士兵川流而過，卻是隔著遙遠的距離。

忙碌雖是不可逆的現實，但誰也不樂意家庭淪為閱兵場。每當想起那位媽媽略顯無奈又自責的神情，讓我覺得這實在非常值得深思。

針對「家庭時間」的管理，薩提爾有三點建議，對於經營家庭及親子互動常覺得缺少時間與心力的我們，相當具有參考價值。

一、製造兩個人的時間

平常要騰出全家人共聚的時間較不容易，因此可以從「兩個人」的對話著手。每天利用機會，直接與家中的一位成員交談。而不要總是透過第三者的轉述去片面地理解家人，這樣可以避免曲解與刻板印象的產生。

我常利用接送兒子去上課或補習的時間，在車上和他閒聊：「你今天在學校還好嗎？我看老師在家長群組裡po了好多美食照。你們班今天辦什麼活動？」

「因為期中考快到了，所以我們今天『期中進補』，愛心媽媽買了好多食物來班上，大家都吃得很開心！」兒子笑著說。

「哇！你們好幸福喔！我以前讀國中的時候都沒有這種福利。」

在車上的對話常就像這樣無主題的閒聊。透過這個機會，我才得以窺見兒子的某些生活情境與細節。

雖然時間不長，但可以直接感受到彼此的關心和親近，在車流之中前行，是非常令人享受的「魔術時光」。

二、營造全家人的時間

雖然全家人連要一起吃頓飯都不容易，但營造全家人共處的時間，仍是非常值得努力的目標。薩提爾提出了「天氣報告」這個工具，建議家人們相聚時，可以針對這五個主題，自由地表達個人的感受或想法：

- 「欣賞或感謝」。
- 「擔憂或困惑」。
- 「抱怨和提議」。
- 「我的新資訊」。
- 「希望或願望」。

最近，我嘗試在孩子們就寢之前，邀請全家人圍坐在臥室地板的軟墊上，趁著大家沐浴過後、身心放鬆之際，利用十分鐘的時間，請每個人針對上述五個主題（擇一或複選皆可）自由進行抒發。

我先拋磚引玉：「我想感謝大家今天的配合，讓我在忙碌中還能有種從容的感覺。如果大家都在狀況外，我可能會疲於奔命，所以我想謝謝大家的合作。」

太太接棒：「我喜歡大家圍坐在一起說話的感覺，希望以後可以常常這樣做。」

兒子想了一下，接著說：「國中的考試很多，我對於自己的數理科分數常常很難提升，感到有點擔心，希望能夠找到比較有效的讀書方法。」

女兒看大家都講得頭頭是道的樣子，思考了一下之後，說：「我最近喜歡看跟料理有關的書或影片，也會自己試著做。要特別謝謝姑姑買了小廚具送給我，讓我想吃什麼的時候，可以自己動手做。」

大家說完之後，突然對於「天氣報告」這個名稱有種會心一笑的瞭然。

因為面對面的表達與聆聽，能使彼此深刻地感受到情感與想法交流的溫度，它就像支「溫度計」，可讓人感測到這個家與家人的真實面貌。無論顯示的是冷熱或陰晴，家人們此刻都同在一起。

這個小活動，對於情感的凝聚與促進彼此理解甚有幫助，且不耗時，非常值得一試。

三、給自己獨處的時間

為了經營家庭與親情，我們費心規劃了與家人共處的時間。然而在關照家人的同時，「照顧自己」其實也非常重要。

尤其許多人在工作一天之後，回家又得馬上肩負照顧一家大小的責任，往往忙得忘了自己，長期下來，不但對個人的身心健康有害，對於夫妻、親子關係的維繫，其實也造成耗損。因此，每天留一點時間給自己，運動、書寫、閱讀、靜坐……從中補給能量，是非常必要的。

太太是國小教師，下班後，常常還在家長群組中傳送或回覆訊息，忙得不可開交。我建議她要設下界線，提醒自己下班了就盡量不要在群組裡宣布事情；也讓家長知道，她在晚上八點之後就不會再回訊息了。如此一來，才能擁有較為完整的晚間時光，與家人、還有自己相處。

近來在晚飯後，她會獨自到社區的中庭漫步，或坐在房裡的沙發上閱讀、放空，似乎較能放慢速度、品味生活了。

她也覺得以前總認為自己做得不夠多，拚命想超前進度，結果把自己搞得很累。但是自從開始多花點心思照顧自己，允許自己可以慢下來之後，身心真的舒坦多了。

面對越轉越快的世界與永遠在追趕時間的自己，有時我們會覺得要再多擠出一點時間，簡直是天方夜譚。然而，若連撥時間照顧自己都覺得浪費，其實照顧家人的品質也不會太好。

我從太太身上看到的是，當她懂得每天留點時間照顧自己，其實也是同步滋潤我和她之間的伴侶關係，及她與孩子之間的親子關係。因為她的身心舒坦，這個家就會有一個幸福的女主人，而與她同在一個屋簷下的我們也將同步受惠。

有覺察，就有機會實踐；能實踐，便可帶來改變與滋養

將這三種管理家庭時間的方式運用到現實生活時，或許你會覺得很難每天面面俱到、盡善盡美，但是有覺察，就有機會實踐；能實踐，便可帶來改變與滋養。靈活地運用，增添在家庭經營裡，將帶來意想不到的驚喜。

真心地祈願每個家庭都不再是閱兵場，而是大小江河交匯的幸福流域。

二、陪自己

如何用「過來人」的視角，看青春期的孩子？

陪孩子，也陪青春期的自己再長大一次

【有了孩子，讓我們打從內心更成熟了】

身為父母，我們都比孩子先走過成長過程中的所有階段。作為一個「過來人」，我們理應更有智慧和能力，來指引孩子如何超越目前面對的成長困境。

然而，由於孩子的生命歷程畢竟與我們不同，因此當我們試圖以自己的成長經驗引導孩子時，可能會出現「無法套用」的尷尬狀態。此時，不妨將之視為「與過去的自我對話」的機會，透過這個歷程，帶領自己從內心變得更為成熟。

● 當你發現自己過去的經驗無法用在孩子身上時，先別急著生氣、失望。因為這雖然是個困境，但也同時是一面「鏡子」，可以讓你重新回顧過去的自己，並更深入地認識孩子。

● 透過回顧、反思自己的成長過程，對比眼前孩子的狀況，你會發現，人的成長並非原先認定的那般理所當然。或許過去的你在面對同樣的難題時，表現得比孩子優秀，脫困的速度也比他快許多。但如今你身為他的父母，與他共同面對成長的難關，眼前這個瓶頸正可以讓你清楚地看見，過去的思維或慣性的侷限之處。

● 為了共同跨越難關，你和孩子都需要重新學習，因為彼此舊有的方法都不管用了。這個重新調整的契機，不但對於解決眼前的難題具有正向意義，也將拓寬你的思維和可能性，催化內在的生命真正迎向成熟。

◇◇◇◇◇◇◇◇◇◇◇◇◇◇◇◇◇◇◇◇◇◇◇◇◇◇◇

孩子的苦悶無處宣洩，父母的陪伴也更吃力

- 你在青春期的時候，在父母眼中是什麼模樣？
- 你是否曾用「過來人」的視角，來看待家中青春期的孩子？

太太陪伴家中兩小（一個國三、一個小六）的過程中，態度比我積極，時間也比我綿密，因此和他們擦出火花的機率，相對地比我高，不時聽見她帶著「恨鐵不成鋼」的心情和口氣在擔憂孩子們。這對她跟孩子們來說，實在都相當耗能。

我在想著如何能為太太和孩子們在互動上，設個緩衝區。

某天和太太提起這件事，並分享自己的觀察和想法：「我知道最近你對孩子們在學習態度上的懶散、不專心，有很多不滿意和情緒，可是，我回想自己在他們這個年紀時的

狀態，好像也沒好到哪裡去。你覺得他們真的有那麼差嗎？」

她停頓了一下，答說：「是還不到差的地步，但也不到好的程度。」

我回道：「如果我們總是從父母的『角色』去評斷孩子，是很難滿意的。因為大多數的父母總會特別注意孩子『有待改進』的部分，焦急地希望他們一步到位，而忘了自己在孩子這個年紀的時候，遇到什麼困難、需要什麼協助。」

她沉默著思考，我繼續說：「比如在回憶青春期時，我就發現自己當時相當苦悶，整天都被教科書和考試壓得喘不過氣來，很想逃離生活的一切。而看看孩子們身處的環境，跟當時的我們好像也差不了多少。教改翻來覆去，他們還是有那麼多的考試和檢定要面對，完全沒有比較輕鬆。」

青春期的苦悶和煩躁感霎時湧上心頭，那真是一段慘綠而沒有生氣的歲月。

「跟我當時浮躁不安、一心想逃的狀態比起來，我反倒覺得孩子們比我更能夠『耐煩』。即便他們不是隨時都很積極、主動，但也算是按部就班了。你覺得呢？」

太太聽我這麼說，似乎覺得有點道理，但又不甚滿意，便回說：「嗯，也算乖了啦！只要對平板、手機別那麼沉迷就好。」這句話戳到了現代許多家長心裡的痛處。

我點頭同意。「說起來，現代的孩子也真是可憐，青春期的苦悶無處宣洩，網路於是變成一個可以暫時脫離現實、尋求慰藉、獲取認同感的地方。而面對這麼強大的吸引力，我們做父母的在陪伴上的確更為吃力。」

透過溝通，我發現當太太覺察到可以用「青春期過來人」的角度與孩子互動，情緒和說話的語氣就變得平穩、和緩許多。

表面看來，親子必須共同面對的難題雖然沒有減少，但和諧的相處氛圍卻大大降低了彼此的能量耗損，也避免將關係不斷推向對立與衝突。

我在你這個年紀時，能像你一樣就好了

載兒子到補習班自習的路途中，我也試著向他表達我對他能夠如此「耐煩」的欣賞。

「兒子，我覺得你比國三時期的我要沉穩得多。面對沉重的課業及考試壓力，你不但沒有逃避，還主動提出希望到補習班自習，以免在家拖拖拉拉、沒有效率，或被３Ｃ綁架。我在你這個年紀的時候如果能像你一樣，再有耐心一點，相信現在一定更有成就。」

兒子原本因要去補習班而面色略顯凝重，聽我這麼一說，似乎得到激勵而心情開朗了些，下車的時候，笑著跟我道再見，並特別叮嚀：「要準時來接我喔！」

獨自駕車回家的路上，兒子的微笑浮現腦海，讓我再次想起青春期時，那個苦悶而不快樂的自己，我想對他說：

「謝謝你像一面明鏡，映照著我孩子的青春，讓我願意對他們多點耐性，也多些等待，而非只是聚焦在我對他們的期待中。當我願意放下父親的角色，去同理他們，以較貼近人性的方式，放慢急促前進的步伐時，深度的理解和真正的陪伴，才有實質發生的機會。

「另外，也謝謝你映照著此時此刻的我，讓我覺知自己現在已經是個成熟，且更有能力的成人，可以陪孩子共同度過這個『毛毛蟲變蝴蝶』前的尷尬階段。

當我能做到真正的陪伴時，自己陪伴的不只是他們，也是同步陪伴了青春時代苦悶而又無助的自己，重新再長大一次。」

陪伴孩子成長，也是和過去的自己對話

薩提爾說，人們的一生會經歷三度誕生：

- 第一度誕生，是在父母的精子和卵子結合的那個時刻。
- 第二度誕生，是在脫離母親的子宮，來到這個人世之後。
- 第三度誕生，則是成為一個成熟的人，能夠重新為自己的生命做決定，保留成長過程中適合自己的，並將不適合自己的加以捨棄，成為一個獨立自主的個體。

扮演「父母」的角色，是讓自己迎向「第三度誕生」的絕佳機會，因為我們不只在陪伴孩子成長，也同步在與過去的自己對話。

透過這個歷程，看見自己的來時路，也用新的觀點和心態，鋪展未來的生命旅程。

我們嘗試關心、理解孩子的善意，
能增添孩子面對現實的勇氣，
讓他們遭遇困境時，不再孤獨與無助。

與孩子相處，你常被惹到理智斷線？

情緒高漲時，請你先轉身，安頓自己的身心

【跟孩子對話前，先照顧自己的心情】

面對和孩子之間的相處，你常常為自己爆炸的情緒所苦嗎？這些情緒可能多數來自於孩子「脫軌」的表現，這部分需要長時間的引導與磨合，較不容易讓人立即脫離情緒的泥淖。

但是，我們可以先從「照顧自己」著手，幫助自己在面對孩子時，較容易處在心平氣和的狀態。這三個方法，你不妨試試看：

- 每天留一點時間獨處，或純粹放空，或做自己喜歡的事。自我被滋潤了，面對孩子時才不容易產生「被剝奪感」。
- 下班進家門前，先別急著前去「服侍」王子和公主。你可以在門口或車上停頓幾分鐘，閉目養神，做幾次深呼吸，再從容地進屋面對孩子們。
- 突發又難處理的問題，最容易炸開情緒的「潘朵拉盒子」（如急著出門上班、上學時，孩子卻突然打翻牛奶；工作忙得焦頭爛額時，接到孩子來電說忘了帶便當）。

‧此時，建議你將注意力放在「解決問題」上，不要急著說教、指導，因為那會催化情緒的作用力，讓你在泥淖中越陷越深，最後把事情搞得更難以收拾。

‧緊急的事發生了，就先處理，要罵要教，容後再說。這能讓你有冷靜思考的時間，而不會輕易被情緒牽制，對著孩子失控、暴走。

懂得教養小孩的人，都不會生氣？

有位媽媽曾經問我：

「懂得教養小孩的人，是不是都不會生氣？」

我覺得這個觀點很有趣，反問她怎麼會這麼認為。她說：「因為在那些談親子溝通的書裡，作者和個案對話的時候都好理性、好平和，不像我常常內心有一把火，總是忍不住想吼小孩。」

我思考了一下，笑說：

「或許那是因為他們對話的對象是別人家的小孩吧！如果每天工作結束後回到家，都得處理自己小孩的問題、和自己的小孩對話，可能也會忍不住想怒吼。」

我得先好好照顧自己，
才能再回來面對問題

有天下班回家已晚，進門發現接近就寢時間了，女兒竟然還沒完成回家功課，而且好整以暇地在一旁繼續拖延，完全沒有警覺。

在身心疲憊的狀態下，回家還得打起精神為小孩的課業操心，其實已經力不從心，於是我充滿不耐煩地質問：「你怎麼這麼晚了還沒寫完功課？今天放學回家後都在做什麼？明天還要早起上學，你要拖到幾點才睡？……」

一番提醒、催促之後，孩子卻似乎充耳不聞，仍舊泰然自若地摸魚，簡直是火上加油，讓我內心的怒火益發猛烈，接近大發雷霆的臨界點。但由於上了一天班，實在身心俱疲，怒火已衝到腦門，卻提不起勁狠狠地罵一頓。

我體驗到心裡有深沉的無力感，有種很深刻的感受是：

● **我得先好好照顧自己，才能再回來面對問題。**

於是我按捺住欲爆裂的怒火，選擇轉身走向浴室，先讓自己冷靜片刻。

在簡單梳洗之後，我坐到女兒的身旁，深吸了一口氣，才緩緩對她說：「爸爸坐在這裡陪你，直到你把功課寫完。」

她看著坐在身邊閉目養神、不再言語的我，大概也覺得有點尷尬，為了讓我速速離開，不一會兒就開始動筆書寫。

閉眼聽著筆尖碰觸紙面的沙沙聲，我覺察到自己的怒氣和煩躁未消，而這些情緒主要來自於她的拖延導致下班後的我無法休息。

我明白此時不是溝通、對話的時機，因為一開口絕對充滿情緒性的指責與說教，對於解決眼前的問題毫無幫助，孩子也收不到我真正想傳達的訊息，所以我決定選擇靜默，陪她專注地面對問題，這樣我們才能讓疲憊的一天快快落幕。

情緒高漲的當下，字字句句都帶刀帶刺

想要與孩子溝通、對話，前提是先得覺察並照顧自己的情緒。如果情緒起伏不定，甚至波濤洶湧，千萬別太相信自己能夠說出什麼金玉良言，更別提去顧及孩子的感受和想法了。

在高張力的時刻，寧可選擇先平和地處理問題，耗時的溝通、對話容後再說，因為在情緒高漲的當下，表達的話語絕對不會是關愛。即便自認為非常理智，孩子還是能感受到你對他的不滿，字字句句都帶刀帶刺，足以傷人。

在我國小二年級時，因為不適應新的班級與老師，學業成績一落千丈。有回月考結果公布，回家之後，我被父親用雞毛撢子狠狠地打了一頓，大腿、小腿滿是青紫色的瘀傷。

至今仍記得那個夏日午後，我噙著淚水，一個人默默地把回家功課寫完，內心充滿恐懼與無助，因為從父親那裡接收到的只有他強烈的憤怒與指責。至於自己對新環境的不適應與學習上的卡關，並未得到實質的協助與支持。

那個時代的父母多習慣直接用藤條和孩子「對話」，因為在謀生不易又萬事交煎之下，他們認為這種方式最快、最省心。

然而，孩子收到的是什麼呢？

或許是要安分規矩些、要發憤用功點……但更直接而鮮明的感受，可能是恐懼、害怕，及不太明白的、來自於父母內在強烈的憤怒與不滿。

若說其中隱藏著某種關心和愛心，也是在多年之後才稍能理解與體悟。

三十多年後的今天，新時代的父母已經不再那麼威權，也多期待與孩子親近，彼此是相互理解與關愛的關係。

然而，「情緒」是跨時代而恆在的問題，它來的時候依舊迅如風火，而由它啟動的對話依舊帶著摧毀的力量。一旦破壞之後，要再建設，就得花費更大的力道與更多的時間，對於不再威權的現代父母而言，面對親子溝通，難怪充滿更多無力感。

不是壓抑、制止，而是覺察與臨在

因此，要和孩子溝通、對話前，先練習照顧自己的情緒吧！不想靠藤條象徵的威權來鞏固身為父母的地位，就更需要內在的「修練」，這是我們可以比舊世代的父母更為「進化」的地方。

這項修練不是壓抑、制止，而是覺察與臨在。及時喚回那匹失控的情緒野馬，才談得上用技巧和方法好好駕馭，而由穩定的內在所傳達給孩子的訊息，方能發揮關愛或教導的功效。

孩子和父母不同，反而幫助我們成長？

溝通是為了理解，不是為了讓孩子順服

【親子關係是一面鏡子】

在親子關係中，彼此的差異為何能使人（父母）成長？

● 因為它能開拓你的視野與觀點：

你和孩子之間的差異就像一面鏡子，能讓你看見自己可以接受「一樣米養百樣人」，卻無法接受孩子沒有長成你要的樣子。

● 因為它能刺激你再進行學習：
親子之間存在著差異並不可怕，可怕的是拒絕面對差異，且原地踏步，不願跨越向前。為了理解彼此的不同，拉近彼此的距離，你將有機會踏入過去未曾接觸的新領域，展開另一段學習之旅。

● 因為它能讓你領略溝通的真諦：
為了消弭親子之間的差異，你會有許多練習表達自我的機會，也會有許多練習聆聽孩子的時機。

◇◇◇◇◇◇◇◇◇◇◇◇◇◇◇◇◇◇◇◇◇
在這個歷程中，你和孩子會因為越來越理解彼此，而品嘗到溝通的真正滋味。

親子間從沉默到冷戰，讓家失去了溫度

在我教的大一國文課堂上，女學生小雅的故事，至今仍讓我印象深刻。從開學的第一堂課起，她總是安安靜靜地坐在教室右側前排的座位，眼神十分專注，但看起來不甚開心。

有天，我邀請學生們寫一封家書給父母親，並對全班說：「這是個跟爸媽溝通的好機會，如果你有想對他們表達的想法或情感，就透過書信和文字，讓他們有機會理解吧！請放心，我不會看，待會兒你們寫完後，就直接摺好放進信封裡，封口用膠水黏好，下課後，我幫你們寄出去。」

我環視著全班，注意到小雅，見她似乎在猶豫什麼，遲未動筆。不過，沉澱一下之後，看她也振筆疾書起來。

當天課後，我將一封封家書慎重地寄出，並在內心祈禱孩子們的真誠表達，能引起他們父母親的共鳴。

然而，後來從小雅的回饋裡，我才得知那封信竟然在她和父親之間，掀起巨大的波瀾。

「那天我回到家後，看到被拆封的家書擱在爸爸的書桌上，心想『慘了！』，覺得非常不安、害怕，就趕緊溜進房間避風頭。但躲不了多久，就在打開房門想透透氣時，還是和爸爸碰個正著，立刻被他教訓了一頓。」

原來小雅幾個月前進大學就讀會計系，是父母的主意。由於父親的兄弟姊妹及她的堂兄姊們，個個都在商管領域有很好的發展，而且都從頂尖的國立大學畢業，因此在「家學淵源」及「品質保證」的信念下，父母堅持她也必得走這條路。

偏偏她只考上私立大學。在無法完全滿足父母的期待之下，為求彼此關係的和諧，對該領域的相關科系完全無感的她只能忽視自己內在的聲音，最後硬著頭皮選讀會計系，以讓父母安心。

但熱愛文學的她對系上的課程毫無興趣，因而始終悶悶不樂。她曾經向父母反映過，然而得到的回應不是「文學無用」，就是「你未來會餓死」。由於對話總是不歡而散，後來她索性就不再說了。

於是，彼此的沉默化為冷戰，家也成了失去溫度的地方。

不過，透過寫家書的課堂活動，她把那陣子的內在心境與現實慘況，毫無保留地向父母傾洩。

得知因此引發她和父親之間的緊張關係，我不免替小雅擔心。但她倒是正向思考，竟說：「看到爸爸終於在知道我的真心話後大發雷霆，而打破了彼此間一直無法化解的僵局，這或許也算是件好事吧！」自我解嘲中，透露著些許無奈。

「溝通」是雙向交流，而非單方輸出

每當提到親子溝通，我總會想起小雅的故事。

「溝通」一詞，在辭典中的釋義是「使彼此融會或通連」，意即它是種雙向交流，而非單方的輸出。

若父母看不見孩子與自己期待的落差，也不願聆聽孩子內在的真實想法，只是一味依著自己的堅持，拖著孩子往前走，所謂的親子溝通真的是條漫漫長路。

在親子關係中，如果要達成雙向交流，父母就得有心理準備，不能只要孩子聽你的，你也得適時聽聽他怎麼說。

溝通是為了理解，不是為了讓對方服從我

我發現在溝通之前，其實還有一個更重要的竅門：

● **對自己與孩子之間的「差異」，能保持越大的開放性，「溝通」就越有機會達成。**

若小雅的雙親能早些明瞭孩子與他們期待中的樣子不同，並在她嘗試表達時，先放下固著的堅持與成見，聆聽她的想法、同理她的處境，或許彼此的關係就不致落入長期的對立與衝突，小雅也可避免在人生抉擇的死胡同裡不斷撞牆。

溝通是為了理解，不是為了讓對方服從於我。

如果溝通的終極目的，是為了讓對方順服自己，無論你說話多麼有技巧，外在表現得多麼有耐心，對方終究會發現：「你並不想了解我。」最後，他就會開始對你產生防衛與抗拒，你們之間的關係也將逐漸走向疏離。

接受彼此的差異

「接受彼此的差異」是為人父母必須修習的一門重要功課。

我們都希望孩子依著我們鋪好的軌道前進，因為這樣最省心，也最安全。但人與人之間充滿差異。如果孩子想的、做的，都和我們的期待有落差，請先別動怒，因為這很「正常」。

你可以回頭看看自己與父母的觀念想法、處事方式等，又何嘗是一個模子刻出來的呢？所以，不要畏懼自己與孩子之間存在差異，因為這正是考驗彼此關係能否進階的徵兆。

若在差異中，還能彼此聆聽、表達及理解，並找到跳脫「二元對立」的解套方式，親子的溝通與關係將會開展出令你意想不到的風景。

親情包藏著「你欠我」的內餡，誰想領受？

愛的流動，是一種自然而然的天性

【親子之間是沒有索討、不帶虧欠的】

身為父母，在親子關係中，如何撕掉「受害者」的標籤？

● 每天安排時間（長短不拘），做自己喜歡的事（如：運動、閱讀、靜坐等），別把生活重心全放在家人身上。

● 重視並覺察自己的身心狀況，不在疲累、病痛、情緒不穩時，處理孩子的問題。

● 照顧孩子是夫妻共同的責任，不要一肩承擔，要適時求援。

● 孩子可以教導，但無法百分百地長成我們期待的模樣。別把期待變成執著。

◇◇◇◇◇◇◇◇◇◇◇◇◇◇◇◇◇◇◇◇

明明是關心孩子，卻親手摧毀了美意

晚間到美語補習班接女兒下課，門外一如往常，有許多等待的家長。

時間一分一秒地過去，距離表定的下課時間超過了十分鐘，才有孩子陸陸續續步出大門。突然聽見有位媽媽對著孩子破口大罵：「怎麼那麼晚才下課！你知道我等多久了嗎？你以為我閒閒沒事做喔！以後如果這麼晚下課，就不要叫我八點到，搞什麼飛機……」她罵小孩的聲音，整條巷子的人恐怕都聽得見；等我接到女兒準備離去時，罵聲依舊沒有停止。

那孩子或許是覺得丟臉，也可能是被媽媽「暴衝」的言行所驚嚇，始終低著頭，不發一語。

看著他剛下課就遭媽媽一頓痛罵、碎念的無辜神情，旁觀的我也不由得心感不忍。

回家路上，我不禁想著：「那位母親所說的那些話，應該是要對著補習班的人抱怨的，怎麼反而向她的小孩咆哮呢？況且，美語課程有時需要一對一的對話練習，拖延到下課時間也是可以理解的，老師這麼盡責教學，為什麼她的怒火卻這麼大？

「如果我是那個孩子，會怎麼解讀媽媽的生氣？我乖乖上課，並沒有犯錯，而且這個課也是你要我來上的，我都照做了，可是你卻對我大發雷霆，大人真是莫名其妙！我以後再也不要聽媽媽的話了，真是超倒楣的啊！」

以上這些當然是我的內心小劇場。不過，我的確在那個母親身上看到一個現象：

●明明是關心孩子的，卻親手把事情搞砸了，而且還用力摧毀了它。

在她連珠炮般埋怨的碎念中，似乎在大聲宣告自己是可憐的「受害者」。試想，當孩子從大人的憤怒中接收到這樣的訊息時，他又會如何看待這份「愛」？

「受害者」的角色，必須由自己卸下

這種「受害者」的心態，其實也常常出現在一些婆婆媽媽的對談中。有些長輩在聚會時，抱怨自己的兒子、媳婦不理家務、不懂人情世故，什麼事都還要長輩擔待著，最後通常會以哀怨的語氣作結：「要不是我幫忙打理、看顧這個家，早就不知道亂成什麼樣子了。現在的年輕人真是不懂事，我什麼時候才可以享清福啊！」

其實那些事並沒有人要求或勉強長輩做，但是他們卻一件、一件撿來做了。如果「歡喜做，甘願受」倒也罷了，偏偏做了之後又愛抱怨、碎念，一副被迫害的模樣，久而久之，這種心態就不自覺地表現在言語上，變成帶刺的嘲諷或調侃。而身為晚輩的，又會怎樣看待這份「愛」呢？

在親子關係裡，如果你把自己設定為「受害者」，那麼自以為付出的「愛」，其實在對方看來卻是「礙」。因為無論是憤怒的謾罵或哀怨的碎念，都是在進行某種控訴與索討，企圖讓對方產生「虧欠」的罪惡感。

當親情以關愛為糖衣，卻包藏著「你欠我」的內餡時，有誰會想領受？怕是避之唯恐不及吧！

愛的流動應當是一種出於天性的自然而然，沒有索討，不帶虧欠。但有時卻由於失控的情緒或扭曲的認知，讓付出的愛變成撕裂關係的那把利剪。

回到上述的核心問題，既然「受害者」的角色是自己給的，當然也必須由自己卸除：

- **想對孩子表達關愛，就好好地把關愛傳遞出去。**
- **發覺自己情緒不穩，既累又煩，自顧不暇，就以照顧自己為先，別急著去關心或處理孩子的問題。**

當我們的內在不穩定時，最需要的是停頓下來，讓自己有喘息的時間和空間，而非急著去扮演「拯救」孩子的角色。

不再活在「孩子不符合我期待」的失落中

我的母親是傳統的家庭主婦，生活重心始終都在家人身上。偏偏妹妹是個很「做自己」的人，從小就不太甩母親對她的種種叮嚀、教誨，因此常會從母女倆的關係或對話中，看到「相愛相殺」的畫面。

例如：「及時行樂派」的妹妹買了一堆高熱量食物，在客廳大快朵頤，母親因為擔心她的健康而止不住地碎念。碎念若停不下來，情緒就會越來越高漲，而話通常也越說越難聽，什麼「愚蠢」、「活該」、「去死算了」……最後統統都跑出來了。

這樣的場面，結局自然是不歡而散。一個是充耳不聞、繼續「裝聾」；一個則怨嘆自己怎麼養出一個這麼「不受教」的孩子，心裡滿是內傷。

我曾經勸過母親，妹妹已經是中年人了，擔心她的健康，只能善意提醒，不能再用罵小孩的方式管教她，這樣只會讓彼此疏遠，無法解決任何問題。

但長期以來的慣性使然，母親很難走出「有這樣的小孩真令人煩心，我真是不幸」的受害者心態，幾乎只要一見到妹妹，便止不住地對她批評指教一番。

難怪從小到大，妹妹總是喜歡往外跑。誰想一直待在一個不斷被批判的屋簷下呢？

今年母親節，我在送給母親的紅包上，寫了這麼一段話：

感謝您一直以來對我們無微不至的照顧。

但希望您在晚年，能更加照顧自己，因為只有您健康快樂，才是我們最大的福氣。

我衷心地期盼，晚年的母親不要再活在「女兒不符合我的期待」的失落中了。用那樣的心態過活，只會不斷往自己身上貼「受害者」的標籤。

想愛孩子，就好好去愛；情緒不穩定時，就先回頭照顧自己

一個自認為是「受害者」的家長，傳遞給孩子的關愛將會攙雜許多怨念，孩子在如此「又愛又怨」的情緒中，也將對親情的認知產生許多困惑。

這樣的親情，是包袱、負擔，會讓人想閃避，也會讓人負傷，何其煎熬！

因此，若你期待和孩子之間充滿愛的流動，請帶著覺知，在生活中適時地撕下貼在身上的「受害者」標籤。

想愛孩子，就好好去愛；不想愛的時候，就好好收著，先回頭照顧自己。

千萬不要又愛又怨，為親子關係徒增糾纏。

孩子講都講不聽，怎麼辦？

教孩子前，先練習「一致」的表達方法

【不一致溝通的父母，只會讓孩子困惑】

薩提爾曾說，「一致性的溝通」必須照顧到自我、他人與情境這三個面向，缺一不可。若有偏失，就容易落入內、外不一致的狀態，增加傳遞雙重訊息的機率。

在此列出「不一致溝通」的四種父母類型，希望能幫助你覺察自我，更理解自己，而在跟

孩子的互動關係裡，逐步朝向「一致性溝通」的道路前進。

● 討好型的父母：

．與孩子互動的過程中，缺乏關照自我，總以孩子為優先。

．長久下來，容易疲憊、情緒不穩，就會在言語、行為上，對孩子傳遞「又愛又怨」的雙重訊息。

● 指責型的父母：

．與孩子互動的過程中，缺乏聆聽、尊重對方（他人）的認知，習慣以自我為中心。

．長久下來，容易把「愛」和「控制」混為一談，對孩子傳遞「愛就是聽話、服從」的雙重訊息。

● 超理智型的父母：

．跟指責型的父母很像，缺乏聆聽、尊重孩子（他人）的認知，但較不會以自我為中心，而是在意問題（情境）是否解決，所以習慣對孩子說教。

・由於太重視道理、原則，未留意在要求孩子之前，自己是否身體力行，因此可能會有言行不一致的窘況，在引導上對孩子傳遞錯亂的雙重訊息。

● 打岔型的父母：

・與孩子互動的過程中，常常處於「狀況外」（自我、他人及情境均未關照到），是個慣性的缺席者或逃避者，但又和孩子共同生活在一個屋簷下。

・「熟悉的陌生人」是孩子對父母的深刻印象，而這種關係所傳達的「既親近又疏離」的雙重訊息，對孩子如何解讀「愛」將有深遠的影響。

不一致的「雙重訊息」，只會讓孩子錯亂又矛盾

到女兒的學校參加班親會時，受老師的邀請，在會中與家長們分享一些親子對話、溝通的心得。

有位阿嬤提問：「該怎麼勸導小孩不要玩手機？怎麼跟我孫子講都講不聽，而且他和我談條件，說我還不是在看連續劇、滑手機，憑什麼管他。」

其實，從孩子的立場來看，他的確會覺得不公平。因為阿嬤不准他玩手機，要他乖乖坐在書桌前用功念書，但同一時間，自己卻在客廳看電視、滑手機，做一些放空的娛樂。

孩子所接收到的訊息是矛盾的：

● 大人一方面禁止他做某件事，另一方面又做著他被禁止的事。

這不僅讓他困惑，也會累積不滿，久而久之，阿嬤的指令便失去了約束力。

我舉了當時自己正在實踐的一件事情與阿嬤分享。

「我的兒子上國中，由於學校的課業非常繁重，所以他不補習，我和太太每天下班後，陪他一起複習和預習功課。

「為了貫徹這件事，我們夫妻倆約定好在下班後，就一起把手機收進抽屜裡，直到睡前設定鬧鐘時才能取出。這樣做的目的，無非是希望全神貫注地陪兒子面對課業，讓他感覺到並不是只有自己孤軍奮鬥，而其他家人卻在放鬆、休閒。

「他能夠碰手機、平板的時間，被限定在週末的兩個小時，週間不許要求使用。但我們做出了這樣的規定，自己在週間使用手機的狀態也得調整和限縮，孩子才不會有委屈或被剝奪的感受。而且傳達給他的訊息和我們的行為一致，也才不會造成孩子在認知上的錯亂，而引發種種不平的情緒。」

成長中的孩子，身心尚未成熟，在建構自己的生命藍圖時，很多時刻仍需要父母的指引。因此，父母的言行動見觀瞻，必須練習覺察自己的表達是否一致，減少傳達矛盾、錯亂的「雙重訊息」頻率，才能降低與孩子溝通時的衝突。

拉出「界線」，孩子才有明確的方向

另一位媽媽問：「我兒子最近常常出口成『髒』，讓我很困擾。我該怎麼跟他說？」

我反問：「你有讓他知道，當他在你面前說髒話的時候，你覺得很困擾、不舒服嗎？」

她搖搖頭。

「如果你沒有表達清楚，釋放給孩子的訊息就是『他可以在你面前肆無忌憚地說髒話』。儘管你心裡不認同他的行為，但他從你的反應接收不到自己應該收斂、反省，言行當然就不會改變。」

媽媽聽了，有點恍然大悟地瞪大眼睛。

我繼續說：「下次當孩子再說髒話的時候，一定要讓他知道這讓你很不舒服。可以嚴肅地對他說：『你剛剛在我面前說髒話，我覺得很難過，也很生氣。我是你媽，你竟然對我這麼粗暴無禮，真的讓我很寒心。你對我都敢這樣說話，對別人應該就更放肆了吧！你難道都沒看見別人聽到你說髒話時的表情嗎？』

「當你把『界線』拉出來以後，孩子即便再不識相，也不會拚命踩線，因為你是他的媽媽，你很嚴正地告訴他這讓你不舒服。孩子確實地接收到訊息，自然便有所警覺，在你面前的言行也會有所調整。之後再找適當的時機跟他聊這件事時，在引導的方向上就會比較清晰、明確。」

一致性溝通，讓家庭穩定、和諧

在日常生活中，我們有時會對人釋放「雙重訊息」，展現出內外不一致的狀態。

例如：周遭的人明明已從你的表情或肢體動作感受到你內心憤怒不平，卻在探問時，得到你這樣的回應：「沒有啊！還好啦！我沒事。」而且你還勉強擠出一絲微笑，試圖阻止對方再進一步窺探內在的真實。

或者，你明明正展現愛心和耐心在協助孩子處理課業或雜務，但由於內心惦記著未完成的公事，所以孩子從你說話的語氣或某些肢體動作，也同時感受到你的怨念和不耐煩。

內在與外在的不一致，多是為了保護自己或求生存。不過若溯其根源，其實與個人在原生家庭中被形塑的「溝通姿態」息息相關。

例如：有人從小在家中被灌輸「生氣就是沒教養」的觀念，因此長大之後，無論內心多麼憤怒，也不許自己在人前表達心中的不平，而且為了展現教養，還練就皮笑肉不笑的功力。

不過旁人卻可能已從他的肢體、表情、言語，隱約感受到他情緒的不平穩，同時卻又接收到他以笑容企圖展現友善與平和。

「雙重訊息」容易給人矛盾、混亂、渾沌不明的感受，對於溝通與理解會造成障礙。父母若常對孩子傳達雙重訊息，便容易因模糊、矛盾，甚至錯亂，而讓孩子感到莫衷一是，表現出與父母期待相違的言行，甚至認為父母無理而情緒爆炸，造成雙方的衝突和對立。

因此，引導孩子絕不能只會說教就好，還得時時注意自己在孩子面前傳達訊息時，內心的想法、感受與外在的言語、行為是否一致，如此方能發揮父母身為家中精神支柱的功能，並且讓家庭在孩子的成長過程中，成為一個穩定、和諧的支持系統。

何不向孩子表達自己的真實感受呢？
對孩子而言，
我們的真情流露，
一定比冷冰冰的道理更有溫度和力量。

為何常被孩子嫌「你很煩」？

以祝福取代嘮叨，別再讓心煩無限延燒

【我們要送出的是關愛，而不是嘮叨】

你是把孩子擺第一位，總是把注意力放在他身上，對他無限掛心的父母嗎？

小心別讓關愛變成嘮叨，搞得自己和孩子都心煩。以下的錦囊小妙計，可以助你脫困：

- 你對孩子很有愛心，但別讓他變成生活的全部。稍微放輕你的力道，從用力扮演「父母」的狀態抽離。好好照顧自己，讓每一天都過得適意，是你要做的核心功課。

- 把你在扮演「父母」的角色時，常常認為的「必須」，改成具有彈性的「有時可以」。比如：把「我必須將孩子照顧得無微不至，才是一個好媽媽」，改成「我有時可以將孩子照顧得無微不至，當一個好媽媽」。觀點鬆動了，你才會在親子關係裡，把自己也納入照顧的對象，而非都以孩子為主。

- 當你可以在親子關係中找回自己，就能降低對孩子嘮叨的頻率。這不代表你失職，只是驗證了「你除了想成為好父母，也想為自己好好而活」。你依然會關心孩子，但不會再扮演「直升機父母」，老是在他的上空盤旋。你懂得孩子有自己的人生功課，在你照顧不到的地方，他就得學會為自己負責。

我們常不自覺地開始叨念孩子

父母在你心中的形象是什麼？你會給他們什麼形容詞？我經常聽到許多人用「嘮叨」來形容自己的父母，尤其是母親。

年少時的我，對於母親的嘮叨不大有感。直到進入中年，長期與母親同住在一個屋簷下，互動和觀察的機會增多了，才在她晚年的樣貌裡，找到與這個形容詞的相合之處。

例如，我出門給學生上課時，看到我穿T恤、牛仔褲，她會說：「穿這樣像老師嗎？跟學生一樣，一點氣勢都沒有。」

如果我因公事而拖延到用餐時間，她也有意見：「吃飯皇帝大。你每次都這麼晚吃，飯菜都涼了。」

每當農曆初一、十五將至，更會聽到她耳提面命：「記得去買水果、供品，明天要拜拜。」……

有趣的是，當我感覺她在嘮叨、碎念，而內在升起一股煩躁感時，腦中不時會連結到孩子不經意地對我說「你很煩吶」的情境與畫面。這讓我對於自己為何不自覺地陷入叨念孩子的狀態，以及我的母親為何常在這個狀態裡，有了更深刻的理解與領會。

面對孩子時，若常處於嘮叨的狀態，歸根結柢是因為「擔心」：一顆心始終懸在孩子身上，擔心他發生危險，擔心他無法照顧自己，擔心他遭遇逆境，被挫敗打擊，擔心他粗心大意而與成功失之交臂……若無法放心，這份「擔心」的清單，還可以無止境地長列下去。

問題是：

- **這樣真的可以解決問題嗎？**
- **對經營親子關係真的有幫助嗎？**
- **還有，孩子真的收到我們的「關心」了嗎？**

從孩子對著我們沒好氣地說「你很煩吶」，大概便知他沒收到關心，倒是收到許多令他煩躁的命令或規定。最後不但問題沒解決，也讓親子關係更緊張。也難怪許多人在成長過程中，對父母的嘮叨多存著負面印象。

既然我們年少時也不喜歡被父母嘮叨，為何當自己成為父母，卻不自覺地複製這種互動模式？

說是「複製」，其實有點太過簡化。關鍵在於當我們開始扮演「父母」這個角色後，生活乃至生命的重心，便不自覺地圍繞著孩子打轉。

這看似無可厚非，但若「入戲太深」，凡事都要求照著自己的劇本走，不但是給自己找麻煩，在孩子眼裡，也變得令人反感又充滿壓力。

過多的擔心，捨不得小孩受打擊

我在親子關係工作坊中曾遇過一位母親，每天早上，念高中的兒子仍需要她催促、叫喊半天才起得了床。

「起床嘍！再不起來就要遲到了，會被教官登記喔！」「快點起來啦！我要去上班了，不管你了喔！」……不管她如何叫喊，兒子就是賴在床上不動如山，總要到最後一刻才甘願下床。

這件看來稀鬆平常的小事，在她的敘述中，卻讓人感覺有千百斤重。可以想見每天早上叫兒子起床上學，已成為相當耗費她身心能量的一道難關。而在兒子眼裡，她則成了令人厭煩、嘮叨不休的「老媽」。

我好奇地問她：「上學是他的事，你為什麼不試著讓他自己負責呢？」

「他就講也講不聽啊，買了好幾個鬧鐘給他也都沒用。如果不去叫他，他就一直睡下去，結果就是遲到，被老師罵。」

我再問：「所以你是擔心孩子遲到了被老師罵，才把叫他起床這件事變成自己的任務嗎？」

她毫不遲疑地點點頭。

可以理解這位母親因為對兒子有過多的擔心，因此連上學遲到會被老師責備，都捨不得讓他去經歷。但從她在對話中的憂慮神情看來，兒子對她的好意並不領情，反而覺得她令人厭煩。

嘮叨的父母雖然表面看來像在對孩子指責、說教，但骨子裡其實對孩子充滿討好。

這裡的「討好」並非阿諛奉承之意，而是把孩子視為生命最重要的一部分，一個必須竭盡所能去照顧、愛護的對象，而呵護、關愛的程度，竟把孩子該承擔的責任也包攬下來，只因對他有太多、太多的擔心。

我們無法代替孩子扮演他人生的主角

擁有討好型的父母，本該是孩子的福氣，但是當討好變形為嘮叨的時候，就鮮少有孩子會覺得自己幸福。面對這樣的困局，父母該如何解套？

- **習慣討好的人，缺陷就在於太過忽視而不照顧自己。所以如果孩子凶巴巴地對你大喊「你很煩吶」，就先別理會他，回來照顧自己內在的「煩」吧！**
- **對自己承認：「我現在的確很煩，被孩子搞到快抓狂。但作為父母，該提醒的，我都提醒了，其餘的，孩子必須學習為自己負責。」**

對於討好型的父母而言，或許會覺得自己這麼做很不負責任、有罪惡感，但若不在此時試著放手，生命清單上就永遠有寫不完的「擔心」。

你就為自己負責嘍！

有天夜裡，家裡的兩個孩子貪看小說，到了就寢時間還不肯罷休，眼看隔天還得早起上學，他們卻對我的好說歹說置若罔聞。

在我感覺到自己的好心提醒已經快變成嘮叨的時候，心裡突然浮現一個想法：「明天早上爬不起來是他們的事，你窮擔心什麼？睡不飽的滋味有多難受，他們這次經歷過就會知道了。你就先去睡吧！」於是我狠下心來，熄燈就寢，讓孩子們自己決定何時收手。而在我躺平後沒多久，他們竟也就去浴室盥洗，準備入睡了。

嘮叨對於解決孩子的問題未必管用，有時試著把球（問題）丟還給孩子，反而能激起他們積極處理的動能。對孩子的諸多擔心，當然可以對他們表達，並給出善意的提醒。只是，若孩子執意視為耳邊風，那他們也必須學習為自己的選擇承擔風險。

為人父母對孩子縱使有再多擔心，也無法代替他扮演人生的主角。所以下回聽孩子說「你很煩吶」的時候，或許可以對他說：

「謝謝你告訴我。我該說的都說了，那你就為自己負責嘍！」

以祝福取代嘮叨，別再讓心煩無限延燒。

你想解決的究竟是自己的問題，還是孩子的問題？

我們可以做的，是先「轉化」自己，以身作則

【孩子是看著父母的背影成長】

命令或說教，往往是許多父母在教養孩子的過程中採用的方式，因為最能立竿見影。

不過，如果你感受到常常發號施令很耗能，老是說教實在太費力，或者你根本不擅言詞，

也不知如何與孩子溝通，別忘了，你還有一項祕密武器，就是好好運用「身教」，讓孩子自然而然地在與你的互動中，學會你想要傳遞給他的美好價值。

● 首先，你可以選定一個你想傳遞給孩子的價值、觀念或習慣。不要貪多，一次一個就好。

● 接著以身體力行的方式，取代威嚇的命令、批判的說教，「示範」給孩子看。例如：飯後要幫忙收拾餐桌並洗碗；週末時必須打掃房間；到親戚家中拜訪時，必須主動問候長輩……

當你先做給孩子看，再邀請他一起加入或協助，會更有說服力，孩子也更容易依循。

● 美好的價值和習慣要植入孩子的心田，滲入他日常生活的言行中，父母必得有「勤耕」及「深耕」的心理準備。

因此，不要急切求好，而是要持之以恆，並相信自己的行為舉止與表達，對孩子都會產生綿密且深遠的影響力。

問題的背後，是家長的焦慮、擔心和煩躁

某場演講的前一天，主辦單位寄來許多報名聽講者的提問，希望我可以在演講的過程中回答。提問者都是家長，問題五花八門，令人眼花撩亂，例如：

- 妹妹很驕傲，不尊重哥哥怎麼辦？（哥哥也很頑皮。）
- 孩子不但屢勸不聽，而且更刻意地挑戰底線，看父母是否真會打他們。請問父母該如何處理，或與孩子有效地溝通？
- 孩子總是不專心，怎麼辦？……

面對這些問題，我在電腦螢幕前思索良久，試圖擬出令人滿意的答覆。

然而，思考得越深入，顧慮的面向越周延，卻越覺得心虛與不真誠。因為我並不認識這些提問的人，也不了解他們平常如何與孩子相處、互動，對於這些透過簡短文字所呈現的問題，其背後真實的情境為何，也無從知悉與掌握。既然如此，我怎能確定給出去的答案，

一定對他們有所幫助呢？

後來，我決定在演講中如實地告訴家長們我的想法，並請他們針對自己的提問，思考另一個問題：

● **你想解決的究竟是自己的問題，還是孩子的問題？**

因為我發現這些問題背後承載的，都是家長們的焦慮、擔心和煩躁，而孩子可能並沒有真正意識到自己有這些狀況。

若孩子不了解，家長就算真的找到了「解方」，也只能命令他順服，但孩子真會言聽計從嗎？

如果引導孩子理解他的問題何在，太過耗力、費時，家長可以做的其實是先「轉化」自己。

從日常生活的體驗中，學習相處

● **與其擔心「驕傲的妹妹不尊重頑皮的哥哥」，不如多多在孩子面前「示範」何謂為人著想。**

手足之間各有各的脾性，彼此的相處自然會發展出一套模式。

而父母在其中扮演的角色，絕不會是「放牛吃草」或「隔山觀虎鬥」，其實我們如何與自己的手足相處，孩子都看在眼裡。

妹妹與我們一家同住，她疼愛我的兩個孩子，常常給他們張羅吃的、穿的，有時還帶他們出去玩。

我們常跟她說：「孩子們的吃穿用度都足夠了，不要常買東西給他們。你得多存點錢，為自己的將來打算。」

有時候，我們也會把錢給孩子，請他們交給姑姑，補貼姑姑帶他們外出的花費，或者在臨近用餐的時間，要孩子們打電話給尚未回家的姑姑，請她回家吃飯，不必買外食。

孩子都是看著父母的背影成長。在耳濡目染之下，他們就會懂得如何善待手足，這樣的領會不是來自父母的命令或說教，而是從日常生活的體驗中習得。

如果父母能以具體的身教、言行帶領，孩子自然就會在家庭氛圍中薰習，感受「時時把人放在心上」的溫厚與貼心，久而久之，以自我為中心的態度、價值觀便會逐漸轉化。

父母該先處理的，會不會是自己的問題呢？

● 與其擔心「孩子總是不專心」，不如回頭檢視家中的環境、秩序，是否有助於孩子專心。更重要的是，留意自己是否常常在生活中，為孩子「示範」專心。

如果孩子在家裡感受到的是散亂、失序，看到的是父母被手機綁架或熱衷追劇的身影，在這樣的情境下，要孩子專注課業或沉浸於學習，不是緣木求魚嗎？父母尚且在散亂中無法沉靜、安住，孩子在其中無法專心也算正常。所以，父母該先處理的，會不會是自己的問題呢？

小時候，由於家中經營藥局，人流經常來去，因此每天放學回家，總難有一個安靜的地方溫書或寫功課。加上父母忙於招呼來客，只要我們不吵不鬧便好，所以我和妹妹總窩在電視機前打發時間，直到父母意識到我們的存在，喚我們用餐、洗澡等，才會從卡通世界裡跳脫出來。

或許就是源於這樣的成長經歷，我在求學過程中不容易凝神專注，總愛胡亂做些什麼以消磨時間，一旦有空白又必須獨處的時刻，就會悶得發慌。因此當了爸爸之後，面對孩子的專注問題，我特別能體會家長的重要性。

父母的「身教」佐以情境的「境教」，對孩子的影響力相當強大，而主導這兩件事的舵手正是父母本身。主動營造家中的情境、氛圍，同時邀請孩子跟你一起進入專注做事的狀態，會比大呼小叫地勒令他「專心點！」，效果強過百倍。

最怕的是大人惡聲惡氣地批評孩子不專心，自己卻呈現分心、放空狀態，看在孩子眼裡，父母所謂的「專心」一點感染力或說服力都沒有。

孩子的應對模式，大部分是後天養成的

- **「孩子屢勸不聽，時常挑戰父母的底線」，我認為家長也應該回過頭來審視，自己平常是如何與孩子互動、溝通。**

這個「勸」，是怎麼個「勸」法？如果孩子有感受到父母的善意，為何要挑戰、抗拒？想來，是因為覺得被命令、受壓迫，所以才想違逆。

孩子的應對模式，絕大部分都是後天養成，特別是在家裡和父母的應對中進行摸索和學習。

若屢勸不聽，最後卻並沒有嘗到苦果，每次都是事前有爸媽窮緊張、狂碎念，事後又有爸媽搶著負責收拾爛攤子，那麼孩子當然會繼續屢勸不聽，因為這對他而言不具任何威脅，也最方便、省力。

父母本身進行「轉化」，才是關鍵

孩子的行為其實是結果，比起對這個問題的末端糾錯，我認為回到問題的源頭——「父母本身進行轉化」，更為關鍵且重要，因為孩子在未成熟與獨立之前，是看著父母的背影成長。

父母若能越早意識到這點並展開行動，就越有機會改善親子間的關係，並消弭相關的問題。

或許你會疑惑：「這些問題真的都與父母有關，而孩子本身都不需要檢討嗎？」孩子有錯，當然需要被提點、檢討。但是，我想請你試著思考這一點：

● **警報器響的時候，是應該全力消滅警報器的聲音，還是應該趕快解除造成警報聲大作的危機呢？**

聰明的你，應該分辨得出來，前者的處置只是讓自己安心，後者才能真正解決問題。

面對小孩，你越來越煩躁？

你盡責地扮演角色，卻忘了關注自己

【說出真心話，是照顧自己的一種方法】

你凡事總以孩子為優先，而忽略自己的感受或需求嗎？別再輕忽身心發出的求救訊號了，建議你嘗試依照下列的步驟，對孩子進行「一致性」的表達：

●首先，你必須做好心理準備，因為這有點像「真心話大冒險」，不是任何時候都能說，也不是信手拈來就能講得清楚。把握適當的時機，掌握表達的重點，會讓你的「告白」更順利。

●表達的過程中，有時會因為心急而不小心讓內容傾斜，變成指責孩子。但切記！我們不是受害者，孩子只是不了解我們真實的感受和想法而已。好好地說，慢慢地講，讓孩子有機會可以深入地理解你。

●我們對孩子說出真心話，但孩子不一定接得住那些話語的重量。所以不要抱持太高的期待，並且練習去接納孩子的所有反應。相互理解是需要時間的，無論你滿不滿意表達後的結果，都應該對自己說：「謝謝你願意表達出來，我覺得你好棒！」

◇◇◇◇◇◇◇◇◇◇◇◇◇◇◇◇◇◇◇◇◇◇◇◇◇◇

內心需求被忽略，讓我的情緒不穩定

離開專任教職，成為自由工作者之後，晚上我更有時間陪伴孩子了，陪他們複習功課、散步、聊天……等到他們都上床就寢後，自己也睏了，儘管還有想做的事情，卻往往沒了精神與氣力，倒頭便睡。

但是一陣子之後，我發現自己在晚上時段不斷在扮演「父親」的角色，也不斷延後了自己原本想做的事。

例如陪孩子在球場打球時，心裡可能想著：「好久沒看書了，如果這時候能安靜坐在書桌前閱讀，該有多好！」坐在兩個孩子中間，陪他們寫功課的時候，腦袋有時會萌生這樣的念頭：「現在好安靜啊，很適合打坐靜心。如果能到頂樓的佛堂靜坐一下，一定很棒。」

不過這些都只是想望，當下總是無法抽身。而想望不斷被延後的結果，遇上身心較為疲憊的狀態時，便發現自己難以掌控與孩子應對時的脾氣，「指責」順勢竄出：「你們還要投籃投多久？看一下時間好嗎？我要回家了啦！」「你們今天寫功課的效率很差耶！剛剛都在摸魚嗎？現在都幾點了？我要去睡了啦！」

這樣幾次下來，不禁讓我反思：

- 我所甘願的是：我很願意在扮演「父親」的角色上多盡點力，也很歡喜可以有更多時間與孩子們親近、相處。
- 我所忽略的是：但我似乎忽略了自己內在的需求，而它們就以不穩定的情緒表現，來讓我看見它們的存在。

父母把關注的焦點放在孩子身上是很自然的事，因為這不僅是親情的自然流露，也是對於「父母」的角色盡責。

不過，如果總是習慣把孩子擺第一，而對自己內在的需求視而不見，長期下來，這樣的應對姿態便流於「討好」了。

這裡講的「討好」不等於阿諛奉承，而是：

- 把他人看得比自己重要，總是盡全力滿足對方的需求。
- 在家庭中，總是扮演「照顧者」的人，就趨近於這樣的應對姿態。

以「討好」的姿態對別人，會讓他人感受到被關心、呵護，覺得你是個「暖男／女」。但若我們自己是「討好」的這一方，長期處於這樣的應對姿態中，內在會因壓抑而衍生委屈，甚至憤怒，有損身心的平衡與健康。

不再把「硬撐」當成盡責

家人是值得我們建立親密關係的對象，特別是自己的孩子，如果能與其建立「一致性」的溝通模式，對於彼此的成長才有正向的助益。

什麼是「一致性」的溝通呢？

- **所謂「一致性」的溝通，第一步便是要先照顧自己。**

如果沒有照顧好自己，總是先滿足別人的期待或需求，就等於把自己的存在建立在他人的認可上。久而久之，不但疲累、耗能，也可能累積怨懟與憤怒，以致讓生命力流失。

因此，照顧自己應優先於關照他人。自己的內在穩妥了，才能好好地承接對方投來的球，無論是快速直球或變化球，都能靈活以對，彼此的傳接才能順暢。

當我看到被自己忽略的需求藉由毛躁情緒來呼救的訊號之後，我開始有意識地在孩子們都去上學後，利用白天的空檔來滋潤內在的想望與渴求：把早課靜心的時間拉長；在工作之前，翻幾頁一直想看的書；或者在行事曆上規劃可以安靜寫作的時段。

內心的需求獲得重視與回應之後，就降低了晚上時段讓孩子占滿的「被剝削感」，在與他們應對和互動時，情緒也就比較能保持安定、平和。

有時身體有些不適，面對孩子們的需求，我也開始練習「不再把硬撐當成盡責」，而可以對他們表露真實的樣態：「爸爸身體不太舒服，得先去休息一下。功課的部分，能做的你們就先做，如果有困難，等一下我再協助，好嗎？」

孩子們面對這樣的情況，通常都能體諒，並且自己負起責任。讓他們領會父母並非無堅不摧，也有脆弱和需要喘息的時候，對他們的成長也會有所啟發。

兒子打籃球、我慢跑，我們各取所需

當我們願意對一個人做一致性地表達，代表我們願意靠近對方，而家人正是可以嘗試的首要對象：

- **在以照顧好自己為前提下，我們願意真誠地在對方面前表達感受與想法，而且也願意聆聽並理解對方的感受與想法。**
- **這份真誠的交流與互動，能讓彼此感受到關懷和接納，於是能共同面對所處的情境，進而找出解決問題的路徑。**

兒子愛打籃球，於是有陣子，我常跟他一起打球。但是一段時間以後，我終於決定告訴他心裡的真實想法。

「兒子，其實我不喜歡打籃球。你應該看得出來，我的球技真的很爛。國中的時候，我常常無法理解為什麼男孩子們在球場上可以為了搶一顆球，那麼拚命、熱血。從那時開始，我就跟籃球絕緣了。我比較喜歡安靜的運動，例如慢跑，可以自己掌握速度，不用和別人競爭，好好享受汗水淋漓的舒暢感。所以下次來運動場的時候，你去打籃球、我去慢跑，我們各取所需，好嗎？」

對於這個突如其來的提議，兒子起初有些抗拒，但是在理解我的需求，並且也確實發現跟我打球缺乏挑戰性之後，開始願意採納我的意見，嘗試新的運動方式。原先只敢獨自投籃的他，漸漸地會主動詢問陌生人是否願意一起「鬥牛」。

當我在大操場慢跑，從遠處看著他和一群熱血小夥子在球場上較勁時，突然覺得這真是個美好的安排。

面對自己的孩子，我們不必總是扮演「神」一般的父母

在一致性溝通的特質中，有一項叫做「願意冒險，允許脆弱」。對他人表露自己內在的真實面，的確需要有冒險的勇氣，因為對方不一定能理解或接受我們的狀態。

然而，家人是一輩子的關係，尤其面對自己的孩子，我們可以不必總是扮演如「神」一般的父母。

卸去父母的角色，我們也是人，也有力不從心或能力不及的時候。這時，先把自己照顧好，也讓孩子明白我們當下的狀況，不但無損身為父母的威儀，反而能讓我們和孩子之間的距離更為靠近。

所以別只顧著盡責扮演角色，記得回頭關照自己。

你很照顧自己、愛自己，為何跟孩子的溝通還是出問題？

以「自我觀照」為核心，重建親子關係

【不需要完全改變，只要適時增添就好】

在經營親子關係時，「自我觀照」是指把注意力從孩子身上，轉回到自己身上。

進行觀照的切入點有很多，較容易感覺到的是我們和孩子互動時的「應對姿態」。以下提

供簡要的方法及步驟，希望幫助你從轉化自我出發，讓親子關係更為美好。

● 我們與孩子相處時，大部分的時候都是「即時反應」，正因如此，覺得一切都很理所當然。現在請你靜下心來，仔細地回想：和孩子互動的過程中，自己最常處在什麼狀態、用什麼方式和孩子溝通呢？

比如這一篇的故事裡，真真的媽媽習慣對真真指責和挑剔，這是她觀察、體驗到的，但母親卻可能習而不察，已變成一種「自動化反應」。

你有看見自己在孩子面前，慣性的應對姿態嗎？

● 薩提爾將人們慣性使用的應對姿態歸納為討好、指責、超理智與打岔。

人們之所以慣性地使用它們，都是為了「求生存」，讓自己方便又安全地在各種生活挑戰中順利過關。請不要帶著批判的眼光看待它們，因為這些往往只是我們在不自覺中所做的選擇。

● 如果你有意識到與孩子相處時，自己慣常地使用某種應對姿態，不需要把自己打掉重練，只需要適時地「增添」：

·「討好型」父母：習慣凡事以孩子為優先，把自己的需求排在後面。長期下來，容易身心俱疲，乃至怨念橫生——應該適時增添「關照自我」，把自己的需求也列入重點照顧的事項，身心狀態才能穩定、平衡。

·「指責型」父母：眼中習慣只看見自己的需求，嘴巴只想趕快把內心所感、所想一吐為快，希望孩子可以順從、聽話，但卻不在乎孩子的感受或想法——應該適時增添「聆聽孩子的聲音」，在互動中做練習，親子關係才能邁向和諧。

·「超理智型」父母：辦事講求快、狠、準，奉SOP為最高指導原則，習慣對孩子說教，塑造理性形象，卻視內在感受為洪水猛獸，避之唯恐不及——應該適時增添「聆聽自己和孩子的聲音」，在互動中允許感受的表露，親子關係才會比較有溫度。

·「打岔型」父母：常態是不在場或狀況外，「最熟悉的陌生人」也成了他們在孩子心中的形象——應該適時增添「對親職角色的看重」，才能在經營親子關係上有更多投入，並有突破性的開展。

到底什麼是「自我觀照」？

在親職講座中，我不斷與家長們分享「自我觀照」在親子溝通中的重要性，並常有家長提問：「老師，我都很照顧自己、愛自己，為什麼跟孩子的溝通還是出問題？到底什麼是『自我觀照』？」

其實我想強調的是：

- **在與他人互動的過程中，若能對自我的內在有更多關注、覺察，對於人我關係的和諧將有很大的幫助，這就是「自我觀照」。**

自己沒做到的事，為什麼要求別人做到？

國中女生真真表示她在家裡常和媽媽起衝突，因為媽媽對她總有許多挑剔和不滿意，搞得兩人常為了一些小事而互相指責。

真真舉了最近發生的一件事：「我肚子餓了，打開冰箱找東西吃，看到前一天沒吃完的飯菜，就拿出來加熱，到客廳吃起來。那時候我媽正在講電話。沒想到她掛掉電話後，竟然對我說：『你怎麼沒有順便熱我的，只顧自己吃？』我覺得有點莫名其妙，就回她：『你在講電話，又沒告訴我你也想吃，我怎麼會知道？』大概是這句話惹到她，她很生氣地對我說：『這種事還要人家說嗎？你要自己想得到啊！』後來看她越講越氣，我只好再去廚房熱一份給她。」

在聆聽的過程中，我開始對這位媽媽產生好奇。接著，真真提到母女倆發生的另一件事。

「那次我和媽媽走在路上，她看到路邊有人亂丟垃圾，而我卻沒有隨手撿起來，就有點嚴肅地對我說：『看到垃圾，你為什麼不隨手撿起來？』我覺得很莫名其妙，就回她：『你自己也看到了，為什麼不撿？』結果她對我說：『我不撿，就是要看看你會不會撿。果然，你真的沒撿。』大人真的很奇怪耶，為什麼要用自己沒做到的事來要求別人？」

真真敘述時，臉上明顯地寫著「無奈」。

我對她的媽媽和孩子的互動情況十分好奇，於是問她：「媽媽和哥哥也常常吵架嗎？」

她搖搖頭表示沒有，並補充說道：「因為哥哥聽話、順從，不像我比較有主見，所以他和媽媽比較沒有衝突。」

我繼續好奇地問：「所以媽媽會期待你像哥哥一樣嗎？」

她想了一下，回答：「應該不會，因為我哥從小就比較愛哭，而且常常忘東忘西的，所以我媽常常告訴我要好好照顧他。」

對話至此，我似乎看出了一些端倪。

這位母親由於對兒子有許多的擔心，無形中把期待掛在女兒身上，希望女兒成熟、懂事、獨立，不但可以照顧好自己，也可以分擔她對兒子的憂心。

我問真真：「所以你從小就被期待可以當個『小姊姊』，是嗎？」

她笑了出來，表示的確如此。而我也從她的回應中，找到她媽媽為何對她總有許多挑剔和不滿意的原因。

提醒自己，回到現實的關係和情境裡

急切地盼望女兒成為自己在家中的得力助手，甚至扮演自己的分身，足以承擔照顧家人的重責大任，讓這位母親不自覺地將眼光不斷放在女兒的不足之處，去叮嚀、提醒、教誨。

她卻忘了女兒在家中不是「姊姊」，而是「妹妹」，成長的速度沒有她期待的那麼快，仍然需要她手把手地引領前行。

這樣的不自覺，便是來自這位母親疏於「自我觀照」。

倘若她能看出自己在面對與兒子、女兒之間的「三角關係」時，竟是用「姊姊」的角色在期待女兒，便能提醒自己回到現實的關係和情境裡，去調整和女兒相處的方式。而非自以為在教導，卻不斷讓女兒覺得莫名其妙。

親子關係中的痛點，最需要看見的人是「家長」

我告訴真真：「媽媽和你之間會常起衝突，是因為她對你有很高的期待，而這份期待的源頭來自對於哥哥的擔心。往後如果你不太明白她對你的要求是什麼，可以直接詢問她，或者把你的困惑告訴她，這樣她就比較能明白你的處境，也比較清楚你哪裡需要協助，而非對你只有不斷地挑剔和指責。」

她似懂非懂地點點頭，表示願意嘗試看看。

我知道理解這些錯綜複雜的關係，對於一個青春期孩子來說有點艱難。親子關係當中某些隱微卻關鍵的「痛點」，最需要看見的人其實是家長，而非孩子。負有「生養」和「教養」雙重責任的父母，需要更敏銳地去看見自己的起心動念，如此一來，方知自己正帶領孩子走向何方。

你多久沒有一個人出去走走了？

重新找回失落已久的自己

【請包容自己的分身乏術】

「分身乏術」是你在家庭中扮演各種角色（如：妻／夫／父母）時的寫照嗎？由於無法盡善盡美而深感無力，是否為你的生活帶來許多負面情緒？

以下的問題請你嘗試自問自答，順著引導進行思索及自我對話，將有助於你從困境裡解套。

● 你能接受「人在扮演生命中的多重角色時，無法每一個都做到滿分」嗎？

若能以這個觀點來審視自己目前「分身之術」的狀態，在面對那些無法做到位的「缺憾」時，便較能心平氣和，而不再瞬間落入自責、懊惱或怨懟的情緒裡。

● 既然人無法稱職地扮演好家庭中的每一個角色，那麼，你會如何處理自己無法盡善盡美的困局？

其實我們是有多重選擇的，但由於過去可能只習慣單一選項，所以在不自覺中把自己逼進了死胡同。

你可以調整「堅持完美」的習性，讓自己不要因為標準太高，而把所有責任都往身上攬。也可以主動向家人求助，讓他們真切地明白你需要幫忙，他們會從你的求救訊號裡，得知自己該如何補位、支援，並從中學習獨立、承擔。

● 當你體驗到在家庭中扮演多重角色的無力感，是否也能看到你的伴侶也正深陷類似的窘境中？

伴侶的劇本或許與你的不同，但和你一樣的是，都無法完美地演繹每一個角色。

順著這個思考，能幫助你對伴侶在扮演某些角色上的期待有所不同。並且，你可以試著找機會把這份認知告訴伴侶，將會深化你們在伴侶關係上，對於彼此的理解。

◇◇◇◇◇◇◇◇◇◇◇◇◇◇◇◇◇◇◇◇

也好，就讓自己抽離一下吧

太太突然提議想要獨自去旅行，她對兒女說：「媽媽從結婚以後，好像就沒有單獨去旅行了。你們可以讓我一個人出去走走嗎？」

孩子們問她要去哪裡，她回說：「去台北找我姊姊吧，跟她聊聊天，順便去晃晃。」兄妹倆接著又問她打算搭高鐵還是巴士、去幾天、住飯店還是阿姨家……

面對孩子們接續的探詢，太太忍不住反問：「你們想一起去嗎？」

孩子們想了一下，回答：「你好好跟阿姨聊天吧！我們就不去吵你了。」

我彷彿看見她鬆了口氣，好像終於可以摘下打從婚後戴在頭上的各種「角色帽」（如妻子、母親、媳婦、嫂嫂等），只戴著一頂名為「我」的帽子出門，去尋找失落已久的自己，並與內在的自我對話。

我們每個人的頭上都戴著許多頂角色帽，特別是年齡漸長、成家立業，身分越來越多重之後，需要扮演的角色各式各樣，若具象成一頂頂的帽子，戴在頭上肯定相當壯觀。

然而，當帽子越疊越高，最底層那頂名為「我」的帽子往往就被忽略了，甚至被視而不見。

久而久之，我們的目光便只注視著上層較顯眼的那幾頂，戮力於回應他人的關注和需求，想要好好扮演自我的渴望反而被壓抑、延後，長期下來，苦悶、憂鬱乃至憤怒的情緒，便在其中滋生。

我突然驚覺，結婚十幾年來，太太的確從未單獨去旅行，每次都「外掛」著我們，把自己暫放一旁，眼裡只看見「妻子」、「媽媽」的角色。

她如此盡責、用力，所以發現孩子一有偏離軌道的狀況（比如言行不當、學習態度不佳、違反生活常規等），就斥責得特別宏亮，頻率也越來越密集。

「抽離一下，也好。」

這是她提議當下，我的想法與回應。

不是不努力，
而是承認萬事無法盡如人意

太太出門之後，面對必須獨自陪伴孩子與處理家務，我才真切地意識到，若沒有發現自己和伴侶平時都各自戴著多重的角色帽，將會對彼此的親密關係和家庭的經營，帶來多大的斲傷。

「有那麼嚴重嗎？」你可能會質疑。

請想像一下：

● 如果你沒有發現自己頭上戴著好多層角色帽，在家庭生活中常常必須一人同時分飾多角，而且還用一百分的標準，要求自己每個角色都必須稱職、到位，長期下來，會在心中累積什麼呢？

↓恐怕是挫敗、失望、自責，甚至帶著憤怒。

● 把這些情緒帶進夫妻或親子關係中，會造成什麼結果？

↓可能會不自覺地把自己定位成「受害者」，不斷醞釀委屈，不停地火上加油：「都是因為老公這個豬隊友不給力，既不會做家事，又不會幫忙照顧小孩，才害我在家庭和工作之間兼顧得這麼辛苦！」「都是因為老婆把工作看得比家庭還重要，才害我和孩子常常得吃外食。真不知道當初為何要跟她結婚，簡直就是自找麻煩！」

●如果夫妻沒有看見彼此都戴著多層角色帽，常常處於分身乏術的困窘狀態，仍一味從自己的期待出發，希望對方在某個特定的角色上完美演出，會帶來什麼後果？

↓由於不符彼此期待的狀況時常發生，因此衍生內在與言語上的諸多抱怨、指責，失落和不滿的情緒將彼此的鴻溝越拉越大，佳偶也很難不變成怨偶啊！

接納自己在婚姻生活中，同時扮演多重角色時的困窘與無法盡善盡美，並不代表不努力或就此「擺爛」，只是承認萬事無法盡如人意，我們只能盡力而為，無法苛求完美。

能夠接納並笑看自己頭戴多頂帽子的窘樣，及角色變換之間無法一步到位的慌亂，就不會將自己視為走入婚姻與家庭後的「受害者」，而較能平和地面對現實，並給自己更多調適的空間。

當自己無法同時將家庭、工作兼顧得宜，覺得身心俱疲時，若能正視自己的無力感，適時向伴侶或其他家人求助，而非苦苦執著萬事都得親力親為才算盡責，另一半必得在家事上做到滿分才能安心託付，那麼夾在家庭、工作間的困窘狀態，即便無法完全解除，但心理壓力和負擔必能減輕不少。

而面對妻子夾在家庭和工作之間，無法妥善關照家人時，先生放下「家事是太太的責任範圍」、「照顧小孩是太太的義務」等偏執，共同進行家事或學習下廚做飯，而非被動地等待被滿足，就能間接地解除太太分身乏術的窘況，及自己和孩子的生活乏人照料的困局。

伴侶的表現無法到位，
其實是一種「求救」的訊號

夫妻之間，若能看見彼此頭上都有一座「帽子山」，就較能同理地將對方的無法到位視為求救訊號，適時地進行補位與支援，並從中逐步地摸索出，彼此在切換多重角色時的默契與節奏。

當通過這項試煉，不但能將愛情昇華，更能在親密關係、教養孩子中，增添堅實的

「夥伴」情誼。

所以我將太太的提議出走，視為一個求救訊息。期待她在旅行中單純地照顧自己，和久別的自我重逢，再重新與我們相遇。

國家圖書館預行編目資料

孩子越倔強，我越溫柔：30個關鍵指引，陪孩子、也陪青春期的自己再長大一次/吳孟昌 著. -- 初版. -- 臺北市 : 寶瓶文化事業股份有限公司, 2022.12　面；　公分. -- (Catcher ; 107)
ISBN 978-986-406-331-4(平裝)
1.CST: 親職教育 2.CST: 親子關係 3.CST: 親子溝通

528.2　　111019533

寶瓶文化事業股份有限公司 AQUARIUS

Catcher 107

孩子越倔強，我越溫柔
——30個關鍵指引，陪孩子、也陪青春期的自己再長大一次

作者／吳孟昌
企劃編輯／丁慧瑋

發行人／張寶琴
社長兼總編輯／朱亞君
副總編輯／張純玲
編輯／林婕伃
美術主編／林慧雯
校對／丁慧瑋・陳佩伶・劉素芬・吳孟昌
營銷部主任／林歆婕　業務專員／林裕翔　企劃專員／李祉萱
財務／莊玉萍
出版者／寶瓶文化事業股份有限公司
地址／台北市110信義區基隆路一段180號8樓
電話／(02)27494988　傳真／(02)27495072
郵政劃撥／19446403　寶瓶文化事業股份有限公司
印刷廠／世和印製企業有限公司
總經銷／大和書報圖書股份有限公司　電話／(02)89902588
地址／新北市新莊區五工五路2號　傳真／(02)22997900
E-mail／aquarius@udngroup.com

法律顧問／理律法律事務所陳長文律師、蔣大中律師
如有破損或裝訂錯誤，請寄回本公司更換
著作完成日期／二〇二二年八月
初版一刷日期／二〇二二年十二月
初版二刷日期／二〇二二年十二月二十七日
ISBN／978-986-406-331-4
定價／三四〇元

AQUARIUS 寶瓶 文化事業

愛書人卡

感謝您熱心的為我們填寫，
對您的意見，我們會認真的加以參考，
希望寶瓶文化推出的每一本書，都能得到您的肯定與永遠的支持。

系列：Catcher 107　**書名：孩子越倔強，我越溫柔——30個關鍵指引，陪孩子、也陪青春期的自己再長大一次**

1.姓名：＿＿＿＿＿＿＿＿　性別：□男　□女

2.生日：＿＿年＿＿月＿＿日

3.教育程度：□大學以上　□大學　□專科　□高中、高職　□高中職以下

4.職業：＿＿＿＿＿＿＿＿

5.聯絡地址：＿＿＿＿＿＿＿＿＿＿＿＿＿＿＿＿

聯絡電話：＿＿＿＿＿＿＿＿　手機：＿＿＿＿＿＿＿＿

6.E-mail信箱：＿＿＿＿＿＿＿＿＿＿＿＿

□同意　□不同意　免費獲得寶瓶文化叢書訊息

7.購買日期：＿＿年＿＿月＿＿日

8.您得知本書的管道：□報紙／雜誌　□電視／電台　□親友介紹　□逛書店　□網路

□傳單／海報　□廣告　□瓶中書電子報　□其他

9.您在哪裡買到本書：□書店，店名＿＿＿＿＿　□劃撥　□現場活動　□贈書

□網路購書，網站名稱：＿＿＿＿＿＿　□其他＿＿＿＿＿

10.對本書的建議：（請填代號　1.滿意　2.尚可　3.再改進，請提供意見）

內容：＿＿＿＿＿＿＿＿＿＿

封面：＿＿＿＿＿＿＿＿＿＿

編排：＿＿＿＿＿＿＿＿＿＿

其他：＿＿＿＿＿＿＿＿＿＿

綜合意見：＿＿＿＿＿＿＿＿＿＿＿＿＿＿＿＿＿＿

11.希望我們未來出版哪一類的書籍：＿＿＿＿＿＿＿＿＿＿＿＿

讓文字與書寫的聲音大鳴大放

寶瓶文化事業股份有限公司

（請沿此虛線剪下）

廣 告 回 函
北區郵政管理局登記
證北台字15345號
免貼郵票

寶瓶文化事業股份有限公司 收

110台北市信義區基隆路一段180號8樓

8F,180 KEELUNG RD.,SEC.1,

TAIPEI.(110)TAIWAN R.O.C.

（請沿虛線對折後寄回，或傳真至02-27495072。謝謝）